新潟
Niigata

にいがた

作者／新潟越後老姬

太雅

新潟分區導覽

目錄

實用資訊

地圖索引

看見新潟魅力

美食物產吃上癮

體驗新潟縣民的日常

這本書是以一個在地人的角度，介紹許多不為人知的私房景點與美食，帶領大家體驗新潟縣民的日常，適合喜歡到幽靜地區旅行的旅人，或是已經走遍日本各大城市，想要探索不同地區風情的遊客。

新潟的幅員非常遼闊，各地區的自然風景、人文風情與物產也不盡相同，可以的話，非常建議大家安排較長的假期，以租車自駕的方式，深度感受新潟的魅力（唯冬季雪地駕車有其危險性，租車前請衡量自身經驗及能力，切勿貿然嘗試）。

常常會有人問我，最適合到新潟旅行的季節為何？諸君須知，新潟是一個四季分明的地方，閱讀完本書就會明白，新潟的四季都有不同的魅力，要說什麼季節最適合來，真的很難說。而且我一直認為，懷抱美好的心情、身邊有對的人陪伴，任何時候來都會是一趟美好的旅行。

也經常有人問我，新潟有什麼東西是必買必吃的？我覺得這是一個很有趣的問題，因為每個人的喜好不同，我的必買未必是他人的必買，我的必吃也不會每個人都喜歡。再者，這本書幾乎已含括所有新潟有名的美食，大家只需要選擇自己喜歡的東西去嘗試，必定能有滿足的體驗。

最後，感謝太雅出版社的邀稿，讓我有機會將新潟的美好告訴大家。這本書裡的每個地方，都有我的生活軌跡；每一間餐廳，都曾經帶給我難忘的回憶；每一處溫泉，都是療癒我身心的靈泉。歡迎大家帶著這本書，親自來到我照片中的風景，新潟帶給大家的感動，將會永留心中。

臉書人氣粉專「新潟越後老姬」版主

越後姬是新潟特有的草莓品種，越後老姬是住在新潟超愛吃越後姬的台灣人！

從研究所畢業之後，順利地通過高考成為公務員，卻因為健康因素，辭掉了穩定的公務員工作來到了日本，定居在新潟縣。

與新潟的相遇，徹底改變了我的人生，新潟各種不同的溫泉、可口的越光米、香甜的空氣、怡人的景致、濃濃的人情味，都令我深深著迷。喜歡到處泡溫泉、接近大自然的我，在新潟的7年換了兩台車，儀表板上的里程數高到連車廠的業務員都不可置信。面積是台灣1/3大的新潟，我可以不必靠導航悠遊在每個區域，也可以信手拈來講出每個地方的美食、文化、節慶、景點，粉絲專頁的內容還數次被媒體採訪報導。這樣的新潟經驗，我很想分享給大家，一起來了解這個比較少被遊客注意到的越後之國。

興趣：料理、旅行、溫泉、養寵物

毛小孩：倫太郎（馬爾濟斯）、夢乃（馬爾濟斯）、夢夢花（古代牧羊犬）

最喜歡的食物：新潟的壽司

最喜歡的溫泉：新潟縣新津溫泉／三島谷溫泉

Facebook

Instagram

YouTube

部落格

新潟縣五泉市市長田邊正幸

和日本有著深厚交情的台灣朋友，大家好！

我是新潟縣五泉市長田邊正幸。台灣和日本從以前開始就維持著很友好的關係，台灣也是我超級喜歡的國家。最近桃園機場和新潟機場間的直飛班機重新啟航，來到新潟也變得相當地方便。說到新潟，最棒的就是米和水，放眼望去日本應該沒有一個地方可以贏過這裡。特別是五泉市，這裡有豐富的水資源，又稱為清流之里。三面環山的五泉市，從東邊和南邊的山流瀉下來的優質水源，造就了五泉這個花之鄉，水芭蕉、櫻花、鬱金香、牡丹等群花綻放；也滋養了稻米、里芋（源自於台灣的芋頭）以及蓮藕等農作物。此外，日本河川長度排名前幾名的阿賀野川，河畔的咲花溫泉泉水，會隨著氣溫變化成白色或寶石綠，泉質相當的珍貴獨特，從露天風呂欣賞阿賀野川，是非常推薦的享受。

這本新潟旅遊書是由台灣出身、在五泉市生活的新潟越後老姬所推薦的新潟魅力，甚至是一本比我還更清楚介紹新潟的「武功祕笈」，只要有這本書，相信各位一定會更喜歡新潟，並能夠發現新潟的新事物。最後，也請大家來新潟和五泉一遊！

親交の深い台湾の皆さん、こんにちは。

新潟県五泉市長の田邊正幸です。台湾と日本は昔から大変友好な関係であり、私が大好きな国が台湾です。このたび、桃園空港から新潟空港の航空路が再開し、新潟県へ直接来ることができ、大変便利になりました。新潟といえば何といっても、お米と水が美味しい。日本中どこを探しても新潟県にはかないません。特に五泉市は水が豊かなところから、清流の里と言われています。三方を山に囲まれ、五泉市の東から南に連なる山々からの良質な水は、花の町五泉の、水芭蕉、さくら、チューリップ、牡丹などの花々を色づかせ、米、里芋（台湾のタロイモが源流）、レンコンなどの農産物を育てています。また、日本で有数な長さをもつ阿賀野川の河畔にある咲花温泉は、外気温によってエメラルドグリーンや白濁などに変わり、温泉の質は抜群です。露天風呂から阿賀野川の大河を見ながら温泉につかるのは、格別な過ごし方です。

このガイドブックは、台湾出身で新潟の五泉市で暮らす新潟越後老姫さんがお勧めする新潟の魅力が満載です。間違いなく皆さんが新潟をさらに好きになり、新たな新潟発見ができるでしょう。

私以上に新潟の魅力に詳しい新潟越後老姫さんが、台湾の皆さんへ紹介する選りすぐりの一冊。私もお勧めします。皆さん、ぜひ新潟県へ五泉市へお出かけください。

五泉市長 田邊正幸

臺灣太雅出版
編輯室提醒

太雅旅遊書提供地圖讓旅行更便利

地圖採兩種形式：紙本地圖或電子地圖，若是提供紙本地圖，會直接繪製在書上，並無另附電子地圖；若採用電子地圖，則將書中介紹的景點、店家、餐廳、飯店，標示於Google Map，並提供地圖QR code供讀者快速掃描、確認位置，還可結合手機上路線規畫、導航功能，安心前往目的地。

提醒您，若使用本書提供的電子地圖，出發前請先下載成離線地圖，或事先印出，避免旅途中發生網路不穩定或無網路狀態。

出發前，請記得利用書上提供的通訊方式再一次確認

每一個城市都是有生命的，會隨著時間不斷成長，「改變」於是成為不可避免的常態，雖然本書的作者與編輯已經盡力，讓書中呈現最新的資訊，但是，仍請讀者利用作者提供的通訊方式，再次確認相關訊息。因應流行性傳染病疫情，商家可能歇業或調整營業時間，出發前請先行確認。

資訊不代表對服務品質的背書

本書作者所提供的飯店、餐廳、商店等等資訊，是作者個人經歷或採訪獲得的資訊，本書作者盡力介紹有特色與價值的旅遊資訊，但是過去有讀者因為店家或機構服務態度不佳，而產生對作者的誤解。敝社申明，「服務」是一種「人為」，作者無法為所有服務生或任何機構的職員背書他們的品行，甚或是費用與服務內容也會隨時間調動，所以，因時因地因人，可能會與作者的體會不同，這也是旅行的特質。

新版與舊版

太雅旅遊書中銷售穩定的書籍，會不斷修訂再版，修訂時，還區隔紙本與網路資訊的特性，在知識性、消費性、實用性、體驗性做不同比例的調整，太雅編輯部會不斷更新我們的策略，並在此園地說明。您也可以追蹤太雅IG跟上我們改變的腳步。

taiya.travel.club

票價震盪現象

越受歡迎的觀光城市，參觀門票和交通票券的價格，越容易調漲，特別Covid-19疫情後全球通膨影響，若出現跟書中的價格有落差，請以平常心接受。

謝謝眾多讀者的來信

過去太雅旅遊書，透過非常多讀者的來信，得知更多的資訊，甚至幫忙修訂，非常感謝大家的熱心與愛好旅遊的熱情。歡迎讀者將所知道的變動訊息，善用我們的「線上回函」或直接寄到 taiya@morningstar.com.tw，讓華文旅遊者在世界成為彼此的幫助。

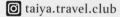

新潟旅遊注意事項

1

自新型冠狀病毒感染症疫情逐步趨緩後，日本政府已於 2023 年 4 月底取消「入境需提供 3 劑疫苗施打證明或持 72 小時內 PCR 檢測陰性證明」之規定，邊境檢疫不再針對新型冠狀病毒感染症採取特別的因應措施。

2

入境遊客可自行評估行程中是否佩戴口罩，許多公共場所的入口處均有酒精消毒劑，為了自身安全健康，出入人潮眾多的公共場所，建議勤洗手並戴口罩，旅遊途中隨時注意身體健康狀況，如有身體不適可告知飯店，協助聯繫就醫事宜。

3

新潟縣的冬天十分寒冷，室內濕度極低，部分遊客可能會引起呼吸道及皮膚的不適；春秋兩季則是早晚溫差大，請注意保濕及保暖工作。

4

新潟縣內許多道路旁有既深且寬的灌溉溝渠，或是冬季用來堆放積雪的水溝，這些水溝大多沒有加蓋，夜間視線不良時請務必小心，避免跌入。

5

日本人大多注重隱私及安全，旅遊途中請勿任意拍攝路上的幼童／學生，否則容易被當成「不審人物」報警。

6

搭乘電車、公車，請勿大聲喧嘩或使用行動電話通話。

7

進入溫泉請遵守泡湯禮節及相關規定，除非獲得拍攝許可，請勿攜帶相機或行動電話進入公共浴場。

事前充分準備、旅遊途中注意安全，來一段完美的新潟之旅吧！（照片攝自新潟縣阿賀野市）

二宮家玫瑰園

見附英國庭園

發現新潟之美

蒸氣火車駛過早出川的鐵橋

長岡大花火大會

夢夢花

國上寺旁千眼堂吊橋

加治川治水紀念公園櫻花

從新潟第一高樓 Toki Messe 鳥瞰新潟市區

にいがた Niigata

看見新潟魅力

新潟縣位在日本本州的西側，與日本海相鄰，縣廳所在地與縣內最大的城市就是新潟市，而新潟市也是本州日本海側最大的都市，搭乘新幹線到東京約2小時即可抵達。縣內觀光資源非常豐富，舉凡隨著四季更迭而呈現不同風情的自然美景、日本海與山林孕育的山珍海味、感受歷史與傳統的名勝古蹟、極具地方特色的鄉土料理等，都是新潟的獨特魅力所在，絕對值得一探究竟！

新潟縣地圖

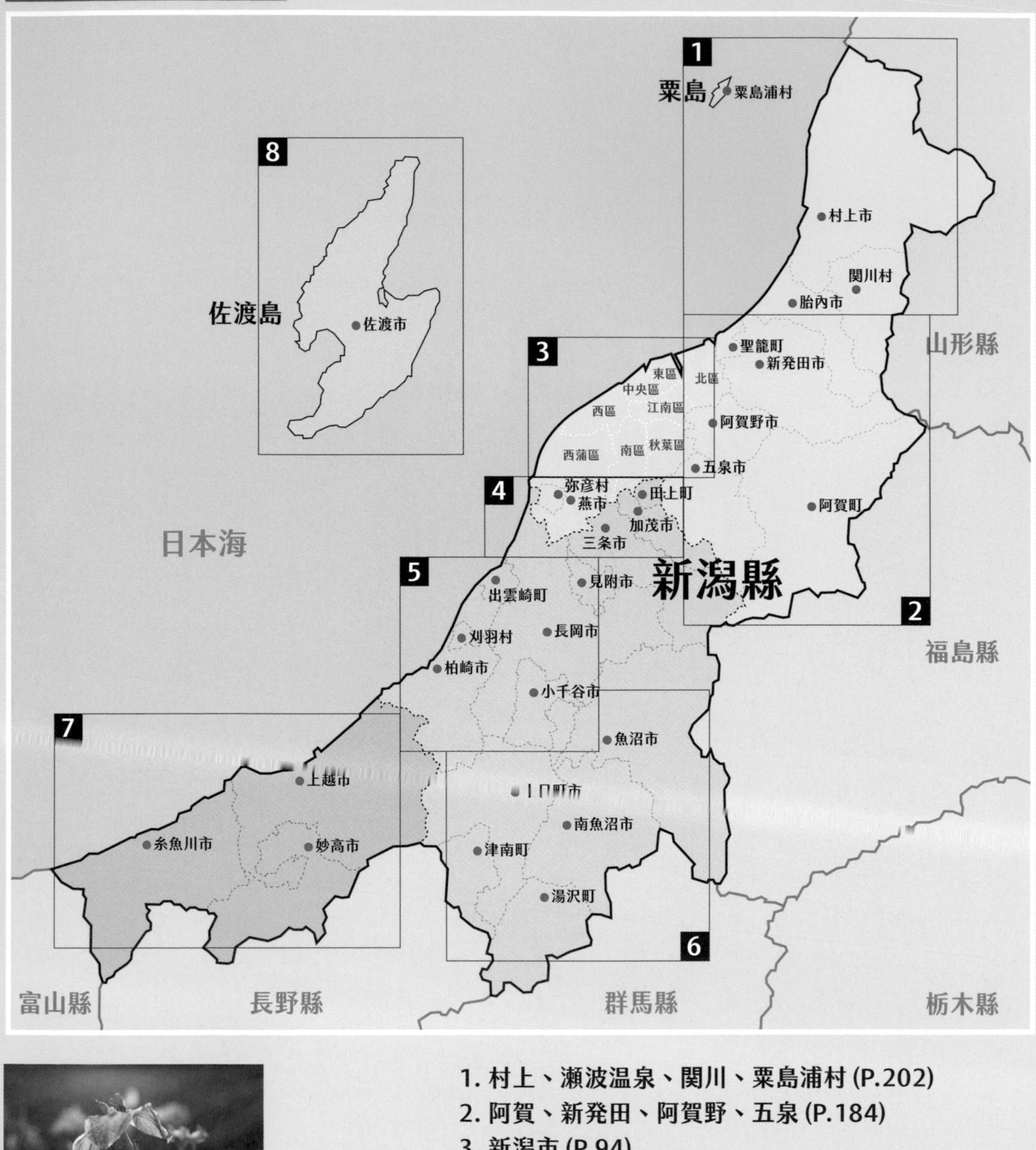

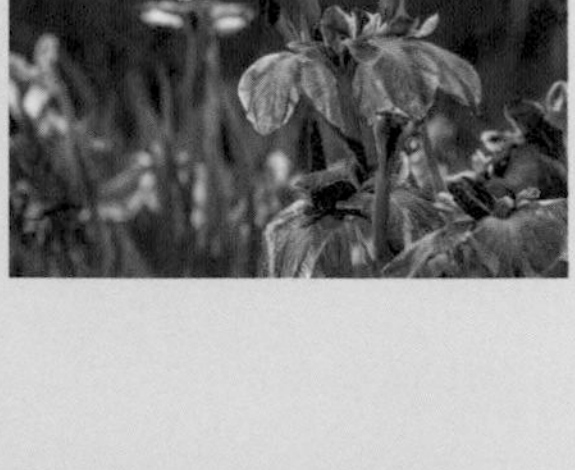

1. 村上、瀬波温泉、関川、粟島浦村 (P.202)
2. 阿賀、新発田、阿賀野、五泉 (P.184)
3. 新潟市 (P.94)
4. 弥彦、燕三条、田上、寺泊 (P.136)
5. 長岡、柏崎、小千谷 (P.120)
6. 越後湯沢、魚沼、南魚沼、十日町、津南 (P.152)
7. 上越、糸魚川、妙高高原 (P.170)
8. 佐渡 (P.216)

鐵道路線圖

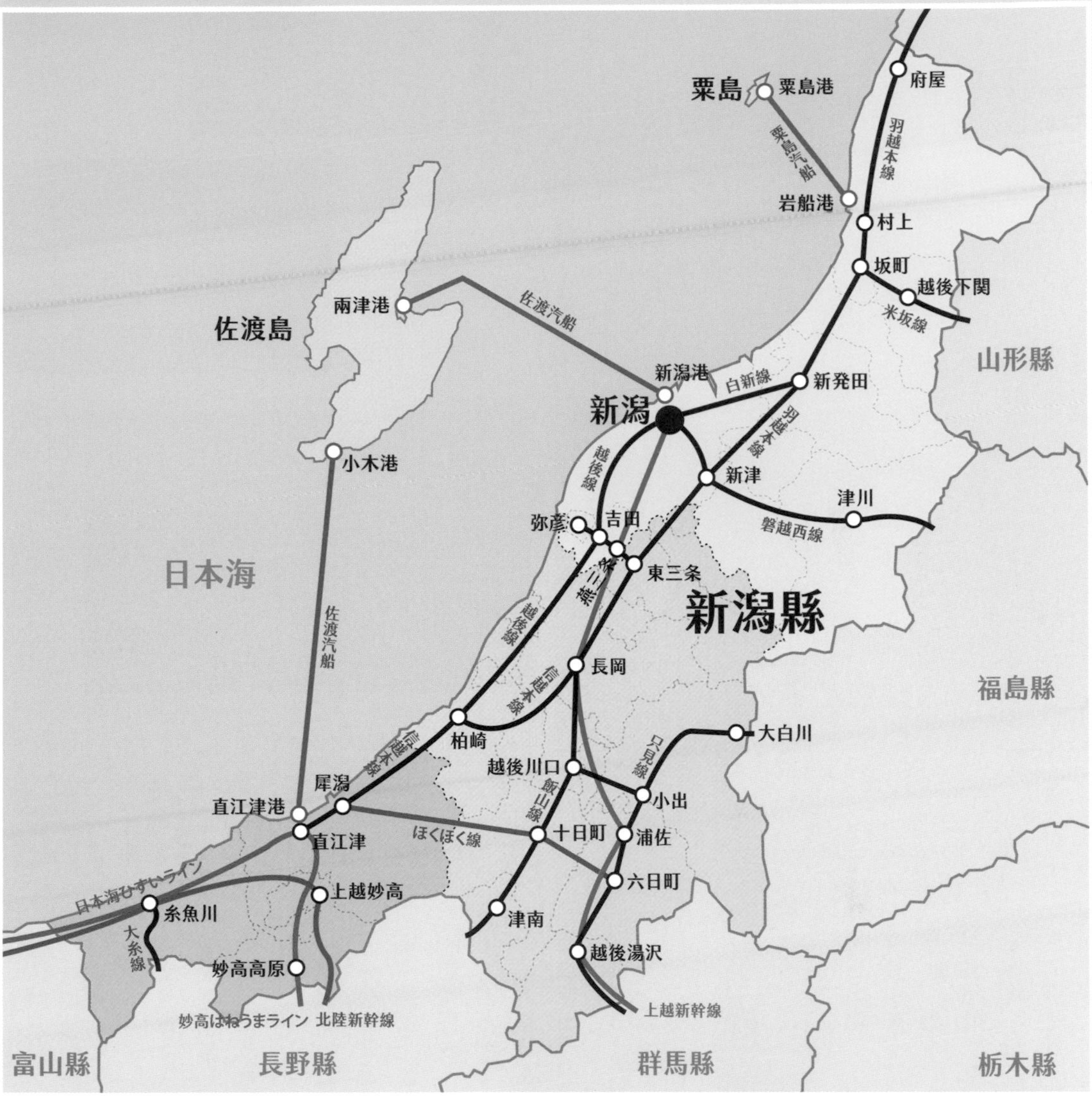

北陸新幹線

上越新幹線

JR 線

ほくほく線

えちごトキめき鐵道

航路

1

2

3

認識新潟

歷史與地理的故事

新潟在古代為越後國，又稱「越後」，或簡稱「越」。面積約有12,584平方公里，南北長約280公里，縣內人口約有222萬。

整個新潟縣分成上越、中越、下越及佐渡4個地區——上越地區包括新潟縣南邊的上越市、妙高市、糸魚川市；中越地區為本縣的中部地帶，包括長岡市、三条市、柏崎市等14個市／町／村；下越地區為本縣的北部，包括新潟市、燕市、五泉市及其以北的所有市／町／村。

特色產業

縣內經濟以農業為主，越光米的產量為日本第一；又因為緊鄰日本海，海鮮漁獲十分充足，更是日本少數的原油生產地。此外，燕三条的金屬工業、長岡的運動用品產業、五泉市和見附市的針織產業、新潟市周邊的米菓等食品加工業，都是日本知名的品牌。

NII
GA
TA

1. 瓢湖的大白鳥／2. 溫泉旅館的露天風呂／3. 陽光灑落新潟大地／4. 五泉市立村松櫻中學校前的櫻花隧道／5. 本縣特有的草莓品種越後姫／6. 溫泉旅館的美味餐點／7. 新潟特有的蕎麥麵へぎそば／8. 值得專程來新潟參加的花火大會

無法抵擋的吸引力

如果要說新潟最吸引人的前三大魅力，那一定就是美食、風景和溫泉了。各方面都能夠自給自足的新潟縣，食材幾乎不用從外地輸入，不論海鮮、肉品、蔬果等，都可以直接從產地直送，享用最新鮮的美味。

由得天獨厚的自然環境所孕育出的山海物產等各種在地食材，例如在肥沃的土地和融化的雪水中生長的越光米等新潟各品牌稻米，以及來自日本海的新鮮漁獲，都可讓人享受大快朵頤的樂趣。

有山有海、四季分明的氣候，孕育了春夏秋冬各自美麗的花卉植物，也造就了令人讚嘆的美景。縣內有各種泉質的溫泉，不論是要單純享受泡湯的樂趣，或是想要長期透過溫泉進行養身的人，來到新潟縣都可以獲得滿足。

夏 春

花火燦爛／時令瓜果／戶外踏青

百花齊放／植物萌芽／品嘗山菜

長岡大花火大會

高田城百萬人觀櫻會

8月 平均氣溫 26.6℃	7月 平均氣溫 27.4℃	6月 平均氣溫 21.1℃	5月 平均氣溫 17.0℃	4月 平均氣溫 12.7℃	3月 平均氣溫 7.5℃

活動

8月

8月底 謙信公祭

8月底 大蛇祭

照片提供：關川村

7月

7/7 村上大祭

7/26 柏崎海上大花火大會

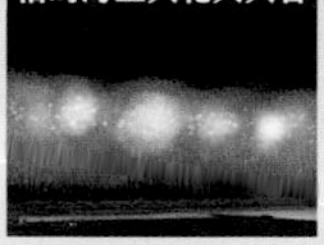
照片提供：ぎおん柏崎まつり協賛会

6月

6月上旬 白根大凧合戰

5月

5/3 狐狸嫁女兒

照片提供：つがわ狐の嫁入り行列實行委員會

註：狐狸嫁女兒活動於 2023 年臨時變更為 10 月舉辦，未來舉辦時間請參考阿賀町官方網站

4月

3月

3/1～4/3 村上雛人形展

3月中上旬 にいがた酒の陣

花種／風景

7月下旬～8月下旬 津南向日葵

5月下旬～6月中旬 佐渡島飛鳥萱草

5月上～中旬 牡丹

4月上～中旬 櫻花、油菜花

3月底 五泉市水芭蕉

6月中～下旬 菖蒲

5月中～下旬 芍藥

4月中～下旬 鬱金香

6月下旬 紫陽花

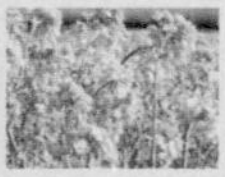

物産

4～7月 蘆筍

6月中下旬 櫻桃

3～5月 山菜

1月下旬～6月上旬 越後姬

6月下旬～8月上旬 毛豆

6月～8月中旬 西瓜

11～3月 南蠻蝦

銀白雪景／鮮美魚味／嘗松葉蟹　**冬**　**秋**　農產豐收／食欲之秋／詩情楓紅

瓢湖白鳥

苗場滑雪場龍纜車

2月 平均氣溫 1.4℃	1月 平均氣溫 1.7℃	12月 平均氣溫 5.9℃	11月 平均氣溫 11.6℃	10月 平均氣溫 17.2℃	9月 平均氣溫 21.8℃
2月中旬 十日町雪祭	1月 雪地活動	12月下旬～3月下旬 湯澤冬花火	11/1～11/24 彌彥神社菊花展	10月下旬～11月下旬 三面川鮭魚迴游	9/9～9/10 片貝花火
2月下旬 小千谷雪上熱氣球					

照片提供：小千谷觀光協會

12～2月
雪景

11月
銀杏

9月中旬～10月下旬
波斯菊

9月中旬～10月下旬
上堰潟公園稻草藝術

10月中旬～11月中旬
紅葉

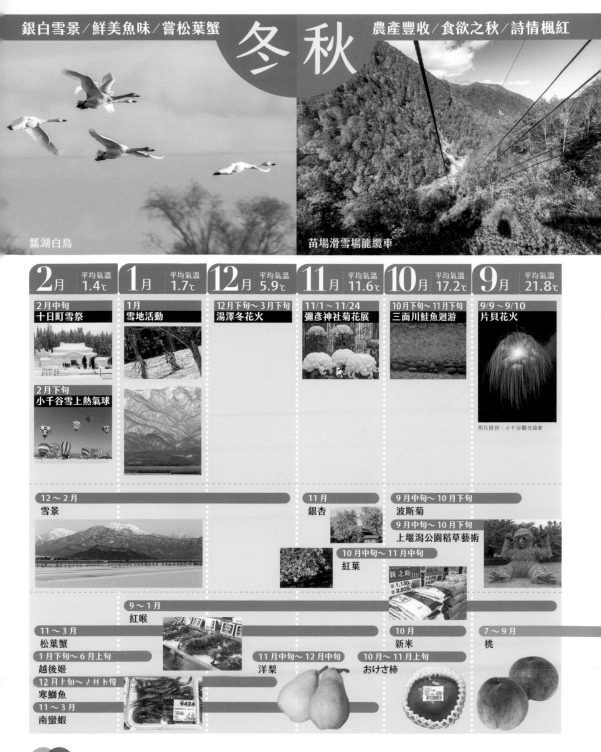

9～1月
紅喉

11～3月
松葉蟹

1月下旬～6月上旬
越後姬

12月上旬～2月下旬
寒鰤魚

11～3月
南蠻蝦

11月中旬～12月中旬
洋梨

10月～11月上旬
おけさ柿

10月
新米

7～9月
桃

四季絕景

風情各異

由於氣候條件的關係，新潟的季節感非常鮮明，每個季節都有自己的代表性風景，春天的花卉、夏天的花火大會、秋天的楓紅和冬天的白鳥與雪景，快來這裡感受四季更迭的魅力！

※本單元景點如未載明地址、交通資訊，請至內文標示的頁數查詢。

春

百花盛開萬紫千紅

春天是各種花卉盛開的季節，從3月底的水芭蕉登場，萬紫千紅的花卉就像為新潟鋪上七彩畫布，櫻花、油菜花、梅花、藤花、鬱金香、牡丹、芍藥等，所有必遊或私房賞花景點，都列在下面，為大家介紹。

櫻花好去處

上越市高田城址公園

擁有 4,000 棵櫻花樹的高田城址公園，和東京的上野恩賜公園、青森的弘

1

2

1. 高田城址公園的夜櫻為日本三大夜櫻之一／ 2. 高田城址公園櫻花季的航空自衛隊表演／ 3. 粟島公園內的五泉市文化財「子安延命地藏尊」／ 4. 村松公園的櫻花隧道／ 5. 村松公園為日本櫻花百選地／ 6. 春天的瓢湖是被櫻花包圍的美麗湖泊

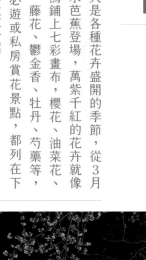

前公園齊名，被譽為日本三大夜櫻之一，也是日本櫻花百選地之一，可說是新潟的賞櫻大點，也是縣內比較早開花的櫻花名所。櫻花季期間，高田公園還會和屯駐在高田的自衛隊合作，安排自衛隊表演，非常吸引人。此時遠方妙高山山頭的白雪未融，還可以看到櫻與雪的共演。（詳見P.171）

五泉市粟島公園

新潟縣五泉市粟島4866
JR磐越西線「北五泉站」徒步10分鐘

有著廣大的綠地和500棵櫻花的粟島公園，是當地人喜愛的休憩之地。公園裡還有一座列為五泉市文化財的子安延命地藏尊，氣氛寧靜優雅。因為同在五泉市，喜愛賞櫻的朋友可以把粟島公園和村松公園安排在一起。

3

五泉市村松公園

這裡是市民的私房賞櫻景點，也是全國櫻花百選名所之一。明治39年（1906年）10月因為紀念日俄戰爭而設立，總共種植3,000棵櫻花，雖以染井吉野櫻為大宗，但其他品種的櫻花（八重櫻、枝垂櫻等）也很多。

村松公園的腹地很大，除了公園內的櫻花，圍繞公園的山坡與公路旁，也是賞櫻的重點，尤其是公園旁的五泉市立村松櫻中學校，四周全被大棵櫻花樹包圍，十分壯觀。來到村松公園，千萬不要只在公園內賞花喔！（詳見P.196）

阿賀野市瓢湖

瓢湖的櫻花有早開和晚開兩種品種，早開品種是湖畔的染井吉野櫻，晚開品種就是八重櫻，比染井吉野櫻晚兩週左右滿開，一整片桃紅色的八重櫻林，堪稱絕景。（詳見P.190）

4

5

6

阿賀野市新江櫻並木

新潟縣阿賀野市渡場～小浮

JR磐越西線「五泉站」搭計程車15分鐘；從「水原站」搭計程車20分鐘

40年前，為了慶祝安田町20周年，當地居民一起栽種總長4.6公里的櫻花林，旁邊還有一大片新潟的代表風景—稻田，以及遠方山頭未融的白雪，可以看到櫻、雪山、稻田的共演美景。

新潟市鳥屋野潟公園

新潟縣新潟市中央區鐘木451

JR「新潟站」南口搭公車10分鐘

距離新潟車站南方3公里的鳥屋野潟，是個面積達1.58平方公里的潟湖，環繞著潟湖的周圍，就是鳥屋野潟公園。公園裡面加上湖畔周圍9公里的路邊，總共種了2,000棵樹齡超過50年的染井吉野櫻。

新潟市上堰潟公園

新潟縣新潟市西蒲區松野尾1

自駕或JR越後線「卷站」搭計程車15分鐘

位在角田山山腳下的上堰潟公園，距離彌彥神社、岩室溫泉等景點不遠，沿著步道走一圈約2公里，春天除了櫻花之外，整片油菜花也非常漂亮。此外，每年10月，東京的武藏野美術大學學生和新潟市民，會活用收割下來的稻草，合力做成一個個巨大的稻草藝術放在公園內。

胎內市胎內川堤

新潟縣胎內市鼓岡～夏井

自駕或JR羽越本線「中条站」搭計程車20分鐘

除了當地居民，知道這裡的遊客並不多，所以在櫻花季幾乎可以獨享胎內川上游兩岸綿延不絕的染井吉野櫻絕景。附近還有日歸溫泉的旅館，賞櫻之餘也可以享受溫泉與美食。

燕市大河津分水公園

新潟縣燕市五千石

JR越後線「分水站」徒步20分鐘

除了村松公園、高田公園外，新潟第三個日本櫻花百選地就是大河津分水公園。此處有名的是「大河津分水路工事」這個大工程，為了紀念此工程，沿著堤防種植10公里的染井吉野櫻，非常壯觀。沿路風景優美，整備完善。

在信濃川畔的大河津資料館可以租借腳踏車，騎乘漫遊在櫻花道上。資料館4樓還可以眺望分水櫻花的全景，這個角度的眺望是分水櫻花的經典畫面，在許多網站和旅遊書上都可以看到。

值得一提的是，在櫻花祭典期間會舉辦為期1天的「分水おいらん道中」活動，有3名代表「信濃」、「櫻」、和「分水」的花魁，以及60名以上的隨從，穿著豪華絢麗的衣裝遊行，與櫻花構成藝術美的畫面，值得一看。

分水站

新潟縣燕市分水櫻町1丁目1

JR越後線「分水站」

離大河津分水2公里遠的分水車站，是JR越後線的一個小站，規模雖小，但是周邊沿著鐵軌全部都是高大的櫻花樹，每到櫻花季節的晚上還會點燈，鐵道加上櫻花的獨特景觀，吸引許多攝影師前來取景。

1. 新江用水路沿岸都是非常大棵的老櫻花樹／2. 春天的鳥屋野潟公園是市民闔家賞花的熱門地點／3. 上堰潟公園的油菜花和櫻花同時綻放，十分迷人／4. 胎內川堤遊客很少，幾乎可以獨占美景／5. 大河津分水公園的櫻花連綿不絕，非常壯觀／6. 分水站的鐵道旁種滿櫻花，吸引許多攝影師取景

4

5

6

新發田市加治川堤

新潟縣新發田市真野原外463-1
自駕或JR白新線、羽越本線「新發田站」搭計程車40分鐘

這裡最有名的就是櫻花，曾有6,000棵櫻花，綿延10公里的堤防，是全世界規模最大的櫻並木，還有一個外號叫做「長堤十里世界一」。可惜的是，這麼大規模的景點卻在昭和41、42年(1966、1967年)的水災和堤防整備工程中慘遭毀壞，目前僅剩下2,000多棵櫻花，令人不勝懷念它曾是長堤十里世界一的風光歲月。

這段長長的堤防，最漂亮的一段櫻花林位於加治川治水紀念公園這一帶，這裡的「水門」、「派川加治川」都是賞櫻的重要景點，到了櫻花季節還會有夜間點燈。

彌彥村彌彥公園

距離彌彥站徒步5分鐘，占地達4萬多坪，腹地遼闊，公園入口處有許多染井吉野櫻，和附近的彌彥神社都是春天賞櫻的好去處。(詳見P.139)

新發田市新發田城

新發田城是新潟數一數二的名城，也是知名的賞櫻景點，櫻花映照在護城河上的景觀十分漂亮，每年的櫻花季還有夜間點燈。櫻花盛開期間最受歡迎的屋台當然不能少，其中不乏新發田的名物紅糖甜點「ポッポ焼」。(詳見P.187)

1

3

2

1. 加治川堤可以欣賞櫻花和雪山的共演／2. 彌彥公園入口的櫻花道／3. 新發田城的櫻花美麗倒影／4. 信濃川やすらぎ堤可以同時欣賞櫻花、電車與鬱金香／5. 鬱金香季節總是吸引許多遊客前來拍照／6. 巢本地區有新潟最大規模的鬱金香花田

4

信濃川やすらぎ堤緑地

新潟縣新潟市中央區一番掘通町～川端町1丁目
JR越後線「白山站」徒步15分鐘

位在信濃川兩岸全長1.5km的信濃川やすらぎ堤綠地，是全國第一個緩斜坡堤防，河岸邊共有將近千棵的櫻花以及許多鬱金香。這裡的特色是有鐵道經過，可以同時欣賞到電車、櫻花和鬱金香同框的景觀。

鬱金香好去處

五泉市巣本

新潟縣五泉市巣本地區一本杉地內
JR磐越西線「五泉站」搭計程車10分鐘

鬱金香是新潟縣縣花。平成4年(1992年)起，新潟縣的鬱金香出貨量就高居日本第一。在明治時代，本縣是日本最早栽培鬱金香球根的地方，而縣內最大規模的鬱金香田就在巣本地區，每年4月下旬會有150萬棵鬱金香競相綻放。

巣本位在阿賀野川和早出川中間的河川地，早期因為兩條河川經常氾濫，土壤變成適合種植鬱金香的砂質地，近幾年也從國外引進新的品種並加以研發改良，成了新潟境內鬱金香品種最多、種植數量也最多的地方。

除了五泉市之外，胎內市在鬱金香季節也會舉辦大型的花展。要注意的是，這裡的鬱金香是農家的經濟作物，遊客不能走進田裡踩踏，只能在田邊拍照。

5

6

水芭蕉好去處

五泉市水芭蕉公園

新潟縣五泉市菅出 2687
JR磐越西線「五泉站」搭計程車25分鐘

每年3月下旬櫻花滿開之前，五泉市會有3萬棵的水芭蕉盛開，宣告春天的來臨。在五泉市的東邊、菅名岳的山麓上，很早以前就是水芭蕉群生的濕地，平成8年(1996年)開闢成水芭蕉公園，還在濕地上設置480公尺的人行木棧道，穿梭在花叢間。

水芭蕉的外觀類似海芋，純白的花就像一隻隻的白色妖精停在水面上。

公園旁有間古樸的藥師堂，裡面供奉的藥師如來佛像，相傳是名僧行基所刻，但曾遭遇火災而燒掉了一大半，現在的佛像是當初殘留的佛像修復而成的，直到現在都是當地人的信仰中心。

1

妙高市蠑螈池

每年4月下旬，妙高市的蠑螈池西側廣大的濕原地帶，會有10萬棵小芭蕉競相綻放，一邊眺望著妙高山，一邊散步在步道上欣賞著水芭蕉，真是人生一大樂事呢！(詳見P.178)

牡丹與芍藥好去處

五泉市東公園

新潟縣五泉市赤海 3551-11
JR磐越西線「五泉站」搭計程車5分鐘

五泉市在鬱金的花期結束之後，接著登場的是5月上旬的牡丹和5月中、下旬的芍藥。牡丹花園中共有120個品種、超過5,000株的牡丹花；而芍藥約有12,000株。牡丹和芍藥長得非常像，最大的不同是牡丹是木本植物、芍藥是草本植物。

3

2

藤花
好去處

燕市八王寺大白藤

新潟縣燕市八王寺 962 安了寺境內

JR彌彥線「燕站」搭計程車7分鐘

在安了寺境內，有一棵樹齡 350 年的大白藤，叫做「八王寺大白藤」，是新潟縣指定的天然紀念物。每年5月初是大白藤開花的季節，當地居民為保護這棵大白藤，還組成了白藤保勝會，為天然紀念物的永續而努力。

梅花
好去處

新潟市江南區龜田

新潟縣新潟市江南區江南區役所周邊

JR信越本線「龜田站」徒步25分鐘

藤五郎梅是新潟有名的梅樹品種，每年3月中旬左右是藤五郎梅的梅花滿開時節，縣內種植最多藤五郎梅的江南區會舉辦梅花祭，並販售藤五郎梅的相關製品。

油菜花
好去處

新潟市福島潟

福島潟是位於新潟市東部的天然湖泊，是縣內以「潟」命名的最大湖泊。春天櫻花綻放的時候，也是福島潟的油菜花開時，這裡的油菜花占地廣、數量多，搭配潟湖和遠山，令人流連忘返。（詳見 P.115）

1. 水芭蕉優雅高潔就像白色妖精／2. 五泉市水芭蕉公園是縣內知名的水芭蕉群生地／3. 每年5月牡丹與芍藥盛開時，都會舉辦花木祭典／4. 八王寺大白藤的樹體龐大，氣勢驚人／5. 江南區的龜田地區藤五郎梅的梅花／6. 福島潟是新潟縣內最知名的油菜花景點

夏

花火大會露營戲水

新潟的寒冷天數較多，一到夏天便是大家享受陽光、追逐戶外活動的大好時機，許多活動都會在這個時期舉行，包括神社的祭典、花火大會、大風箏競技等，看到男女老少穿著浴衣參加活動，這是新潟展現滿滿活力的季節！

花火大會

新潟祭花火大會

夏天就是花火大會的季節！縣內的長岡大花火大會（詳見P.134）、片貝花火大會（詳見P.130）、以及柏崎海上大花火大會（詳見P.129）並稱越後三大花火。此外，新潟市市區每年也有繽紛燦爛的花火大會。

從昭和30年（1955年）延續至今的新潟祭，在每年8月上旬的週五～日連續舉辦3天，除了各種遊行表演之外，最吸引人的就是週日晚上在信濃川畔舉辦的花火大會，主題是「城市的花火」，融合了高樓、水岸、人橋和璀璨的煙花，編織成一幅美麗的畫。

瓢湖花火大會

阿賀野市的知名景點瓢湖，在每年8月舉辦水原祭和花火大會，雖然是鄉下地方的花火大會，但花火表演有連續性與設計感，很有可看性，而且因為距離近，魅力十足，是一場令人感到驚豔與美好的花火大會。

1. 結合水岸、高樓、大橋的新潟祭花火大會／2. 瓢湖花火大會讓居民都很有參與感／3. 每年6月初綻放在佐渡島的飛島萱草／4. 護摩堂山的紫陽花園／5. 蓮華峰寺的古樸建築與紫陽花的巧搭／6. 瓢湖繽紛多彩的菖蒲

飛島萱草 好去處

佐渡島大野龜

每年6月初，佐渡島上的大野龜周邊會綻放100萬朵的飛島萱草（トビシマカンゾウ），外觀像金針花，但比金針花大很多，布滿整個山頭，非常壯觀。

大野龜在佐渡島北方，是一塊海拔167公尺的超大玄武岩，外型像龜而得名，是當地的神聖象徵。山頂的寶善寺石塔，守護著當地居民的航海安全。

紫陽花 好去處

田上町護摩堂山

新潟縣田上町田上丙
JR越本線「田上站」徒步15分鐘至登山口

護摩堂山位在田上町的湯田上溫泉旁邊，山頂約有3萬棵紫陽花，是新潟賞紫陽花的名所，附近還有一個溫泉會館ごまどう湯っ多里館，下山後可以泡湯消除疲勞。

佐渡島蓮華峰寺

7月初的佐渡島，正是紫陽花盛開的時候，島上的蓮華峰寺就是紫陽花的名所。走進寺內映入眼簾全是紫陽花，讓人覺得紫陽花不僅只是花，初夏少了它，佐渡島一定很寂寞吧！（詳見P.226）

3

菖蒲 好去處

阿賀野市瓢湖

多達215種、50萬棵的菖蒲，每年夏天都在瓢湖綻放。菖蒲園前有瓢湖，後有五頭連峰，形形色色的菖蒲，讓人大開眼界。（詳見P.190）

4

5

6

玫瑰 好去處

大約從5月下旬開始的兩週，是新潟縣玫瑰花開的季節。縣內欣賞玫瑰花的地方主要有3處：長岡市的國營越後丘陵公園（詳見P.121）、見附市的英國庭園（詳見P.127），以及聖籠町的二宮家玫瑰園（詳見P.189）。

向日葵 好去處

津南向日葵廣場

新潟縣中魚沼郡津南町赤沢（沖ノ原台地）
JR飯山線「津南站」搭計程車15分鐘

津南向日葵廣場共有50萬株向日葵，夏季滿開時非常壯觀。遊客可以從高台上俯瞰一整片花海，也可以到花叢間走向日葵迷宮，都非常有趣。

在向日葵花季期間，會場也會有屋台進駐，不能錯過的美食是津南最有名的物產甜玉米。

白根 大凧合戰

新潟市南區白根地區的大風箏競技已經超過300年，活動起源據說是在江戶時代中期，白根人揚起大風箏以慶祝中之口川的堤防工程完工，不巧的是風箏落到西白根那側的田野而破壞農耕，西白根的居民非常生氣，依樣書胡蘆把風箏放到對岸去搗亂，因此，兩地居民就開始研究如何將大風箏「放到對方家」，至今還在不斷研究改良風箏樣式與施放方法。

遵循古法加上現代技術的加持，豐富了這場風箏大亂鬥。這是本市南區每年夏天的盛會，活動照慣例都在6月初連續舉辦5天。

1

2

3

4

豆知識

夏天的風物詩 桃太郎

說到夏天就想到冰品，如果問新潟縣民有關冰的事，第一個想到的一定是桃太郎（もも太郎）吧！在新潟縣內幾乎所有的超市、便利商店都在賣，已有70年以上的歷史，更是許多新潟人的童年回憶，幾個知名的電視節目都曾經介紹過。因為太有代表性了，不知道的人可能就不能稱為新潟縣民喔！

新潟 彩色車牌

2018年日本國土交通省公布一批特殊設計的彩色車牌，入選的車牌充分展現出當地的特色，想換車牌的民眾只要提出申請並負擔變更費用即可。

新潟縣的車籍分為新潟、長岡和上越三個地區，新潟地區的設計是「萬代橋的夕陽絕景加上飛躍的朱鷺」，長岡地區的設計是日本三大花火之一的「長岡花火」，上越地區的設計則是「上杉謙信像、高田城址的櫻花以及妙高山」。

戲水與露營

新潟的冬天又冷又長，所以一到夏天，家家戶戶都會到河邊或海邊露營戲水。本縣的海岸線非常長，有許多海水浴場，每年大約7月中到8月中開放，開放期間有救生員在場，海水浴場的水淺，是一個安全性頗高的遊樂場所。

人氣海水浴場包括胎内市的村松浜海水浴場、柏崎市的鯨波海水浴場和石地海水浴場、新潟市的關屋浜海水浴場、角田浜海水浴場、上越市的直江津海水浴場（なおえつ海水浴場）和谷浜海水浴場（たにはま海水浴場）等。

5

6

1. 人風箏比賽非常熱鬧，許多屋台來此做生意／2. 魅力滿點的巨大風箏／3. 二宮家玫瑰園的玫瑰洗手台／4. 津南向日葵廣場的向日葵花海／5. 夏天的角田浜海水浴場總是滿滿的人潮／6. 夏季是許多人到陰涼的河邊戲水避暑的季節

秋

楓紅銀杏妝點越後之秋

新潟的山野遼闊，入秋之後天氣轉涼，山上的樹葉也開始變色轉紅，整座山變成不同層次的豔麗紅色，非常驚人。不同於紅葉，黃色的銀杏也是秋天限定的風物詩，紅色的開朗奔放和黃色的浪漫溫柔，都是本縣秋天的代表色。

紅葉好去處

魚沼市奧只見湖

新潟縣魚沼市湯之谷芋川字大鳥
自駕或JR上越新幹線「浦佐站」搭公車70分鐘

為了發電，建於昭和35年(1960年)，這是日本少見的大型人造湖。江戶時代因有銀礦所以又名銀山湖。奧只見水壩的貯水量為全國第一，是黑部水壩的3倍，75%的發電電力供應東京、25%供應東北，親臨現場就能感受到水壩的驚人氣勢。

本湖是紅葉名所的百選之一，最推薦從銀山平乘船場搭船到奧只見水壩賞楓，全程40分鐘，沿途所見皆是燦爛的紅、黃、橙色交錯，映在湖面上，令人難忘。此外，這裡春天的新綠和夏季湖上的清爽涼風，也很適合造訪。

1,2. 秋天的奧只見是愛楓遊客的必去之處／3. 長岡市紅葉園原本是個大地主家的庭園／4. 松雲山莊的入口就是一整排的紅葉／5. 彌彥公園的夜楓非常有名，絕對可以稱為越後三大夜楓之首／6. 登八海山纜車到山頂，看見群山一片通紅，十分壯觀

長岡市紅葉園

新潟縣長岡市朝日600
JR信越本線「來迎寺站」徒步10分鐘

這是明治時期大地主高橋家的別墅庭園，面積約1,200坪，有許多樹齡達150～200年的楓樹，最多的是日本楓，原本是一種在九州靠太平洋一側的野生楓葉。高橋家曾在京都經商，將此楓葉移植到京都再引進到新潟，並在平成元年（1989年）時將此園移轉給公家單位，楓紅時節都有夜間點燈。

柏崎市松雲山莊

新潟縣柏崎市綠町3
JR信越本線「柏崎站」徒步20分鐘、搭計程車5分鐘

建於大正15年（1926年）的日式庭園，昭和46年（1971年）移轉給柏崎市。境內除了300棵楓樹之外，還有赤松、杜鵑等，最有名的是楓紅期間的夜間點燈，燈籠、石碑、水池、太鼓橋等在魔幻的燈光下流瀉出迷人風采。

彌彥村彌彥公園

和松雲山莊、紅葉園合稱為越後三大夜楓，彌彥公園的紅葉谷楓葉數量非常多。白天賞楓可以看到各種自然的色彩；夜間點燈，又是另一番風味，尤其是從觀月橋俯瞰下去，鋪天蓋地的紅葉十分壯觀。（詳見P.139）

南魚沼市八海山纜車

新潟縣南魚沼市山口1610
自駕或JR上越線的HOKUHOKU線「六日町站」搭公車30分鐘

八海山是日本200名山之一，與越後駒岳、中之岳一同被稱為越後三山。這裡在冬天是個滑雪場，搭乘纜車沿著滑雪道上山，3分鐘便可到達山頂。滑雪場的坡度是38度，纜車沿著陡峭的斜坡行駛，沿途山上紅葉的變化盡收眼底，遠眺還可以看到佐渡島。

此外，每年的紅葉期間，在八海山纜車站的周邊還會舉辦飯團與蕈菇湯的品嘗會，用南魚沼當地產的新米捏成的飯團，非常有人氣。

4

5

6

湯澤町苗場龍纜車

1

秋天時在這裡搭乘號稱日本最長的索道纜車龍纜車(Dragondola)看紅葉，是新潟的必走行程之一！推薦可以購買龍纜車和田代纜車的共通券，上山先搭龍纜車，回程則搭另一條田代纜車，欣賞不同的紅葉美景，尤其是田代纜車會經過二居湖，奶綠色的湖水十分特別。(詳見P.156)

五泉市村松公園及早出川沿岸

2

五泉市的村松公園不但是日本櫻花百選，秋季的楓葉也非常有人氣。從村松公園一路到早出川水壩，秋天一到，就像是上天打翻了染缸，一整路映入眼簾皆是紅、黃、綠、橙交錯的美景，用仙境形容也不為過。(詳見P.195)

關川村荒川峽紅葉道

新潟縣關川村荒川沿岸

自駕或JR米坂線「越後下關站」搭計程車10分鐘

荒川峽紅葉道指的是，從新潟的關川村一直到山形縣小國町的20公里長

3

4

路段，每到秋天荒川峽的最佳賞楓期，在前往鷹之巢溫泉入口的鷹之巢吊橋附近，可以同時看到荒川、吊橋、以及山上層層疊疊的紅葉，是最吸引人的拍照景點。

三条市八木鼻

新潟縣三条市北五百川38
自駕或JR信越本線「東三条站」搭往「八木鼻溫泉」公車50分鐘，下車徒步10分鐘

八木鼻位於三条市五十嵐川上流的北五百川，上游有一塊高度至少超過200公尺的巨岩，散發出一種說不出的神聖感。八木鼻巨岩是老鷹的繁殖地，春天時清新淡麗，夏天綠意盎然，秋天一片火紅，到了冬天則是被白雪覆蓋，四季都非常迷人，是新潟景勝百選之一。

露營區在八木鼻下方，這裡還有一個很大的溫泉會館いい湯らてい，溫泉的露天泡湯區就正對著八木鼻巨岩，可以一邊泡湯，一邊享受美景。露營區旁有一座小吊橋，站在小吊橋上可眺望加茂的粟ヶ岳以及袴腰山，是個令人身心放鬆的景點。

長岡市八方台

新潟縣長岡市栖吉町 8547-38
自駕或JR信越本線「長岡站」搭計程車40分鐘

位在長岡市東側標高600公尺的山頂上，從八方台可以一覽整個長岡市，在昭和37年(1962年)被指定為縣立自然公園。在八方台1公里外的「八方台休憩之森」(八方台いこいの森)設有步道，秋天是整座森林最漂亮的時期，可以看到許多濕地植物，還有一大片草地，很適合遠足或一日野營。

5

1. 搭乘龍纜車所看到的紅葉，絕對讓人一生難忘／2. 村松公園到了秋天也是賞楓名所／3. 早出川沿岸特別的「衣岩」／4. 關川村鷹之巢溫泉入口的吊橋，是賞紅葉的推薦景點／5. 長岡八方台位於山頂上，居高臨下視野非常開闊／6. 八木鼻是一塊漂亮的巨岩／7. 八木鼻旁的溫泉會館

7

6

五泉市黃金之里

新潟縣五泉市蛭野地區
自駕或JR磐越西線「五泉站」搭計程車25分鐘

五泉的蛭野地區又稱「黃金之里」，因為這裡有非常多的銀杏，秋天銀杏葉轉黃的時候，舉目所見皆是金黃色，因此而得名。這裡也是縣內少數生產銀杏的地方，有100棵以上樹齡200～600年的天然野生巨大銀杏樹，燦爛的銀杏黃，是紅葉之外，秋季限定的另外一種顏色。

新潟市滿願寺稻架木並木

新潟縣新潟市秋葉區滿願寺
自駕或JR磐越西線「新津站」徒步30分鐘

每到稻子收割的季節，新潟就特別漂亮，因為遍地都是金黃閃耀的稻穗，還有現在極為罕見、已經屬於文化財的稻架木（はさぎ）。

稻架木是本縣的風物詩（即代表該季節景象的事物的代名詞），早期農夫收割完後，便將稻穗放在稻架木上自然風乾，吸收太陽的能量，據說這樣曬乾的米特別好吃。

從前在阿賀野川流域的越後平野一帶隨處可見。現在機器乾燥法已非常普遍，傳統的稻架木越來越少，只有彌彥山一帶和新潟市秋葉區的滿願寺可以看見較大規模的稻架木。

滿願寺的稻架木並木是在昭和18～20年間（1943～1945年），由附近250公頃農地的26戶農家集體移植栽種的，一直到現在，這些農家仍致力於保護這種傳統的曬稻方式。

1. 黃金之里的美麗銀杏令人屏息／2. 母女牽手走在金黃色銀杏大道上／3. 滿願寺稻架木並木在秋收季節掛滿了稻穗，整排的稻架木並木，綿延不絕十分壯觀

冬

白雪漫漫雪國景致

有「雪國」之稱的新潟，冬天是一片大地白雪漫漫，雪景就是新潟冬天的代表景色。另外，由於新潟有許多潟湖，絕佳的天然環境吸引了許多的白鳥從西伯利亞飛來此地過冬，大批的白鳥也是本地冬季限定的嬌客喔！

絕景 冬季限定

早出川水壩因為人跡罕至，知名度不高。冬季時，水庫的水面結凍，有著獨特的景致。而魚沼市的破間川水壩，除了冬季會結冰，更特別的是每年4月上旬到中旬的2個星期間，會出現「雪流」的奇景；這是因為接近春天的時候，氣溫回升，凍結的湖面裂開，而周圍群山的融化雪水流進水庫，讓湖面裂開的冰塊呈現如流冰般的漂流在水面上，相當奇特。

五泉市早出川水壩

新潟縣五泉市小面谷／自駕

魚沼市破間川水壩

新潟縣魚沼市大白川／自駕

溫泉 銀色世界

溫泉氤氳的熱氣和皚皚白雪的冰冷相互對映，是雪國冬天絕美的畫面。在新潟，每個溫泉鄉的冬季都可以享受到這樣冰火交織的美感與快感。

1. 早出川水壩入口的朱紅色大橋十分醒目／2. 早出川水壩結冰的水面更添冬季的冷冽感／3. 住在有附溫泉浴池的旅館房間，可以獨享溫泉與白雪的美景／4. 一邊泡溫泉一邊欣賞雪景，是人生一大享受

白鳥齊飛美景

每年冬天來臨，新潟就會飛來一群嬌客，也就是從西伯利亞飛來的白鳥（大天鵝）到此避冬。這種白鳥展翅後可達2公尺寬，飛翔在空中的身形非常美麗。縣內有很多地方可以看到白鳥，包括柏崎市的長嶺大池、上越市的朝日池、新潟市的福島潟和鳥屋野潟、聖籠町的弁天潟風致公園等，但是以白鳥飛來過冬之地聞名全國的是阿賀野市的瓢湖，這裡是拉姆薩公約登錄的溼地，也是日本首次成功餵養野生天鵝而倍受矚目之地。

每年10月，第一批白鳥會飛來瓢湖過冬，在11月中下旬達到最高峰，數量最多時會超過5,000隻，到了隔年3月上旬時，除了受傷或老病的白鳥留下，其餘會全數飛回西伯利亞。

天亮時，白鳥會從湖裡飛到附近的田間覓食，到日落後才回到瓢湖，所以最好的賞鳥時機，是在早晨6:30～7:30之間，或是下午4:30之後。在白鳥飛來的季節，阿賀野市每週都會發布白鳥的統計數字，這個數字是志工拿著計數器一隻隻數的，因為白鳥在一大早起飛之後，要到傍晚才會回來，所以計算起飛的鳥保證是準確的數字！

2

3

1

5

4

鐵道風光迷人

縣內許多鐵道都會經過山區，而山區本來就容易降雪和積雪，所經之處人煙稀少，天然壯闊壯的景致加上鐵道，形成十分迷人的冬季風光。

在國道 252 號沿線，有許多和只見線平行的路段，或是浦佐站附近的縣道 266 號上，可以同時看到新幹線、雪原與八海山，都是欣賞鐵道與雪景的好地方。

1,2,3. 身形曼妙雍容高貴的白鳥／ 4. 白鳥在白天的時候會飛到附近的田中覓食／ 5. 每當白鳥飛來季節，瓢湖的白鳥叔叔就會定時餵食／ 6. 新幹線與八海山的共演／ 7. 米坂線沿線的鐵道風光／ 8. 只見線在新潟境內也有很多漂亮的拍攝點

豆知識

消雪管的發源地

下雪的冬天，在本地馬路上都會看到噴水管線，這就是發源自新潟的消雪管(消雪パイプ)。傳說發明消雪管的人是長岡市的市議員，也是浪花屋製菓創業者今井與三郎，他發現只要有地下水滲出的地方就不會積雪，於是鼓吹市政府從井水中抽出 13 度的地下水，在長岡市的道路上設置灑水裝置，這個想法於昭和 36 年(1961 年)首度實行。

昭和 38 年(1963 年)1 月 30 日長岡市創下史上最高 3.18 公尺的積雪紀錄，整個長岡市可以說是被雪淹沒了，但有設置消雪管的那條 3.7 公里長的柏油路卻還可以見到路面，消雪管的效果當時讓每個人都感到相當驚訝呢！

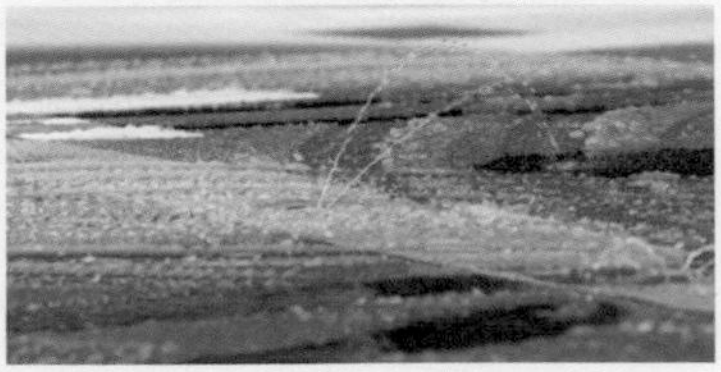

雪地行走不滑倒

在積雪或是結凍的路上走路，要訣是把步輻縮小，輕輕地彎曲膝蓋，用內八字把重心稍微放前面一點，整個鞋底去觸碰地面，走好每一步就應該沒問題。最重要的是不要趕，去任何地方都請預留更充裕的時間喔！

溫泉之旅

暖身又暖心

以米和酒聞名日本的新潟縣，其實溫泉也是非常厲害的喔！在某些溫泉地常常會看到「湯治」這兩個字，湯治在日文字典裡的定義是——「温泉に浴して病気を治療すること」，也就是靠著泡湯來治療疾病，可見自古以來，溫泉就被民眾當作治病、保養和休息的場所。

新潟人氣溫泉

新潟縣內有住宿或泡湯設施的溫泉地總數達 145 個，在全日本排行第三，溫泉可以說是新潟縣民的生活必需呢！

市、町、村	溫泉名
村上市	瀨波溫泉
關川村	越後關川溫泉鄉 (包括高瀨溫泉、鷹之巢溫泉、雲母溫泉、湯澤溫泉，桂之關溫泉)
新發田市	月岡溫泉
阿賀野市	五頭溫泉鄉 (包括出湯溫泉、今板溫泉、村杉溫泉)
新潟市	岩室溫泉
五泉市	咲花溫泉
阿賀町	三川溫泉
田上町	湯田上溫泉
彌彥村	彌彥溫泉
長岡市	寺泊溫泉、蓬平溫泉、越後川口溫泉
魚沼市	湯之谷溫泉
南魚沼市	六日町溫泉
湯澤町	越後湯澤溫泉
十日町市	松之山溫泉
上越市	鵜之浜溫泉
妙高市	關溫泉、燕溫泉、赤倉溫泉、池之平溫泉、新赤倉溫泉
佐渡市	兩津溫泉、相川溫泉

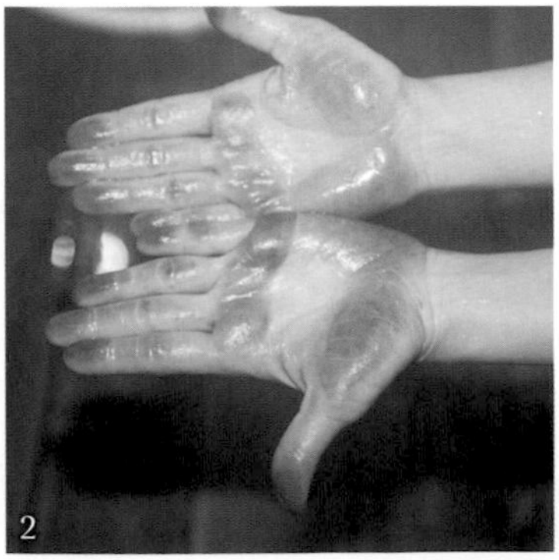
2

1

祕湯 溫泉旅館

祕湯溫泉旅館的概念源自於昭和50年(1975年)4月，日本祕湯守護會集合了33間交通十分不便的山中溫泉旅館，形成「祕湯」這個名詞。

祕湯溫泉旅館基本上都是歷史悠久、交通不便、充滿自然風情的小型旅館，目前全日本加入祕湯守護會的旅館大約有180餘間，本縣就有13間，會員在旅館門口都會掛上日本祕湯守護會的燈籠。對祕湯有興趣的朋友，推薦一定要入住一次祕湯溫泉旅館，感受時光慢慢地點點滴滴流逝。

貝掛溫泉

http kaikake.jp／新潟縣南魚沼郡湯澤町三俣686／(0257)88-9911／新幹線「越後湯澤站」東口搭公車（往苗場方向）在貝掛溫泉下車

開湯700年，與其說是祕湯，可能用奇湯形容更適合它，因為它對眼睛的治療與保養功效，是其他溫泉少有的。相傳戰國時代時，上杉謙信的兵將曾在此休息養傷；到了江戶時代，因為此湯對治療眼病的效果廣為流傳，擠滿了遠道而來的旅人。

36.8度的源泉泉水很適合將眼睛直接浸泡在水裡，酸鹼值與淚水相同，所以眼睛完全不會覺得不適。由於泉水與體溫相當，泡在溫泉裡非常放鬆，聽說非常多客人在池子裡泡著泡著就睡著了。

秋天的貝掛溫泉周邊是滿山遍野的紅葉絕景，無論景致有多迷人，光是泉水可以保養眼睛這個優點，就值得專門來一趟了！

3

1. 出湯溫泉已經有1200年歷史，是新潟縣內最古老的溫泉／2. 岩室溫泉的黑之湯，溫泉水本身無色無味，但是流經之處會留下黑色痕跡，十分特別／3. 流瀉了700年的貝掛泉水／4. 門口的燈籠充滿著懷舊風情／5. 貝掛溫泉旅館的大廳／6. 角落擺上各種可愛小物，提醒客人這是保養眼睛的溫泉

6

5

4

松之山溫泉：凌雲閣

http ryounkaku.net／新潟縣十日町市松之山天水越81／(0255)96-2100／鐵道ほくほく線「松代站」搭旅館免費接駁車（需事先預約）

位於豪雪帶的松之山溫泉，凌雲閣跟其他祕湯旅館一樣，有著古樸的外觀，門口吊著2盞祕湯燈籠，走在旅館內的長廊地板會嘎嘎作響。本館是昭和13年(1938年)建造的木造3層樓建築，在平成17年(2005年)登錄為有形文化財。

淡綠色的溫泉水有如翡翠般的光澤，漂浮著黑色的湯花，又稱為鏡之湯。館內充滿了懷舊的氛圍，遊客可以在此度過寧靜時光，感受非日常的世界。

越後長野溫泉：嵐溪莊

http rankei.com／新潟縣三条市長野1450／(0256)47-2211／自駕或JR信越本線「東三条站」搭旅館免費接駁車（需事先預約）

嵐溪莊坐落在群山環抱的守門川旁，被大自然包圍著，四季都有不同的美景，冬天的積雪甚至可達2公尺高。配合四季的轉換，旅館推出不同的體驗方案，例如夏季的川遊、釣魚，或冬季的雪燈籠和雪地散步。嵐溪莊的主建築為古民家，優雅的建築物加上周邊美麗的自然風景，讓這裡成為NHK電視台50週年紀念連續劇《川、いつか海へ》的拍攝地。

1. 冬天的凌雲閣積雪盈尺幾乎寸步難行／2. 嵐溪莊懸掛的祕湯溫泉燈籠／3. 嵐溪莊的外觀是非常漂亮的古民家／4. 嵐溪莊的溫泉

1,2. 位於深山中的知名祕湯－栃尾又溫泉自在館，外觀極具歷史感／ 3. 餐點十分自然健康，烤天然香魚連骨頭也可以吃／ 4. 早餐的健康蛋與納豆拌飯，納豆是店家自製的／ 5. 自在館旁邊有一間求子神社，掛滿了Q比娃娃

栃尾又溫泉：自在館

http jizaikan.jp／📍新潟縣魚沼市栃尾又溫泉／☎(0257)95-2211／⇨新幹線「浦佐站」搭旅館免費接駁車（每日1班，需事先預約）

自在館位在人煙罕至的深山，已經在此經營400年了。泡湯處就坐落在山谷的小溪邊，館內共有3處公共浴池和3處家族浴池，公共浴池全部都是室內湯。栃尾又溫泉和五頭溫泉鄉都屬於放射性溫泉，據說這種放射泉在封閉的室內，由口鼻吸入蒸氣，對身體保健最有效果。

此外，在自在館旁邊有個求子的神社，不是用繪馬來祈願，而是掛上Q比娃娃，意外地可愛呢！

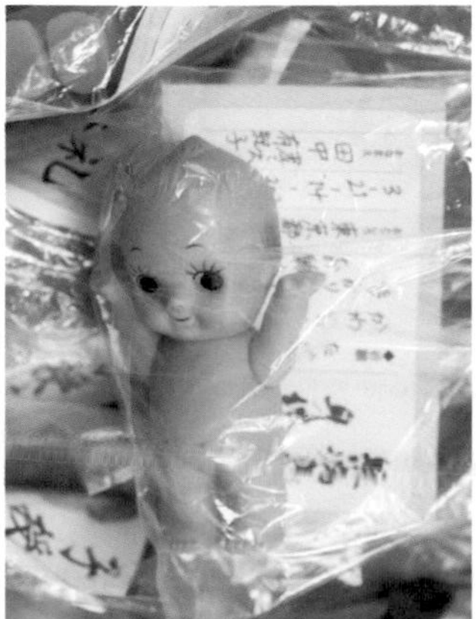

1. 清廣館的溫泉是從檜木池子底部緩緩冒出／2. 餐食以清淡健康為訴求（圖為早餐）／3. 清廣館的建築十分優雅美麗

出湯溫泉：清廣館

seikokan.jp／新潟縣阿賀野市出湯802／(0250)62-3833／JR羽越本線「水原站」搭公車25分鐘

清廣館的開業年分雖不可考，但從保存下來的住宿紀錄可以知道，它至少已經有300多年的歷史。清廣館整體建築十分老舊，但內部仍有一定程度的保養與更新，館內充滿天然的香氣，踏進來的瞬間彷彿時間的流速都慢了下來。

據說清廣館內的每間客房設計都不一樣，唯一相同的是房內都用一根巨木作為床柱，也都擺放著轉盤式的黑色電話，老板娘笑說：「好像年輕人都不太會用了」。

檜木風呂是清廣館的招牌，為了避免溫泉與空氣直接接觸，溫泉水一律從浴槽底下緩緩冒出，以確保客人泡的是最真實的溫泉水。

特色溫泉

新潟的溫泉非常多，溫度、顏色、氣味、泉質、觸感也大不相同，有的溫泉是因為挖掘石油而被發現，帶著石油氣味；有的溫泉硫磺含量非常高；更有罕見的放射性溫泉。這些溫泉豐富了縣民的日常生活。

阿賀野市五頭溫泉鄉

本縣曾做過一個調查，針對回收的13,000份問卷的統計結果，遊客認為縣內滿足度最高的溫泉，就是阿賀野市的五頭溫泉鄉。

五頭溫泉鄉位在阿賀野市的五頭連峰山腳下，包括3個溫泉：出湯溫泉、今板溫泉和村杉溫泉，其中出湯溫泉已有1,200年的歷史，是縣內最古老的溫泉。

3個溫泉分別相隔2分鐘的車程，都屬於放射性溫泉。據說放射泉對身體有益，所以五頭溫泉鄉自古以來就是很有名的湯治場所。此地幾乎都是非常傳統的老式旅館，人情味濃厚，滿溢著原鄉風情。

角屋旅館

kadoyasan.com／新潟縣阿賀野市村杉4631-1／(0250)66-2221

長生館

chouseikan.co.jp／新潟縣阿賀野市村杉4632-8／(0250)66-2111

湯本館

gozu-yumotokan.com／新潟縣阿賀野市今板795-2／(0250)66-2321

1.五頭溫泉鄉入口的石碑／2.村杉溫泉的溫泉街／3.村杉溫泉人氣很高的足湯

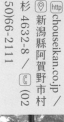

新潟市岩室溫泉

開湯已300年的岩室溫泉又稱為靈雁之湯，傳說在正德3年（1713年），一位白髮老翁發現一隻受傷的雁，因為泡了泉水治好身上的傷，於是找到溫泉的源頭。到了江戶時代後期（19世紀中期），來這裡做湯治的人越來越多，加上刊物的介紹，知名度遍及全國。

溫泉周邊有從多寶山山麓流下來的清流，水質非常乾淨，每年6月中旬～7月上旬的夜晚，會有大量的螢火蟲出沒，也是知名的賞螢地點。

高島屋

http takasimaya.co.jp／新潟市西蒲區岩室溫泉678甲／(0256)82-2001

小松屋

http iwamuro-komatsuya.com／新潟市西蒲區岩室溫泉681／(0256)82-2021

十日町市松之山溫泉

與群馬縣的草津溫泉、兵庫縣的有馬溫泉並列日本三大藥湯，就是位在豪雪帶的十日町市的松之山溫泉。

溫泉水顏色帶點黃綠色，有微微的炭香氣。雖然是山中的溫泉，但是泉水非常的鹹。根據調查，遠古時代這裡曾經是海，因為地殼變動讓海水被包覆在地層中，形成了化石海水型的溫泉，受到壓力而湧出。溫泉的偏硼酸（メタホウ酸）含量很高，據說對皮膚具有殺菌和保濕效果，還可以促進角質代謝。又因為鹽分含量極高，對身體的保熱效果也很好。

凌雲閣

http ryounkaku.net／新潟縣十日町市松之山天水越81／(0255)96-2100

1. 岩室溫泉的溫泉街／2. 岩室屋設有足湯，也提供各種觀光情報／3. 松之山溫泉的入口處，非常有藝術感的地標

3

2

1

日歸溫泉

當泡溫泉成為一種習慣，或想要短暫性地放鬆，這時就非常需要日歸溫泉。有別於住宿型溫泉旅館，日歸溫泉顧名思義，就是可當天來回的溫泉場所。

許多溫泉地都有簡單的共同浴場，收費非常低廉，設備陽春，需要自備盥洗用具和浴巾，而且共同浴場大多是「源泉掛け流し」的溫泉水，也就是不經過循環過濾、不加溫或加水，直接將溫泉水引進浴池的純溫泉，非常受到當地人的歡迎，許多人會將去共同浴場泡湯當成每日的保養程序。

比共同浴場還要高級一點的是大型溫泉會館。在縣內多數的市／町／村，至少都有1個溫泉會館，只需要支付比共同浴場多一點費用，就可以享受溫泉會館的休閒樂趣。這類型的溫泉會館，設備完善，入場會附毛巾、浴巾，有室內和露天溫泉、餐飲部門、按摩機、土產店，有些甚至有按摩師駐點服務，許多長輩喜歡在這種溫泉會館和朋友一起待上一整天。

最貴的日歸泡湯應該算是觀光區的溫泉旅館，這類旅館會推出日歸泡湯專案，通常會附上餐食，費用較高，相對地也提供較好的環境與服務。

這裡推薦8家人氣日歸溫泉，可以感受不同泉質的泡湯體驗。

阿賀野市出湯溫泉華報寺共同浴場

新潟縣阿賀野市出湯 794

1,200 年新潟最古老溫泉

關川村湯澤溫泉共同浴場

新潟縣岩船郡關川村湯澤 678-3

越後關川溫泉鄉最古的溫泉

新潟市秋葉溫泉花水溫泉會館

新潟縣新潟市秋葉區草水町 1-4-5

特別的石油系溫泉，泉水帶著淡淡的石油味

1. 華報寺旁的出湯溫泉共同浴場／ 2. 關川村湯澤溫泉共同浴場／ 3. 新潟市秋葉溫泉花水

3

2

1

阿賀野市村杉溫泉藥師乃湯共同浴場

新潟縣阿賀野市村杉 3946-6

非常珍貴少見的放射泉

五泉市さくらんど溫泉會館

新潟縣五泉市上木越甲 423 番地 1

會館內也販售五泉生產的針織品

田上町ごまどう湯っ多里館

新潟縣田上町大字田上丙 3673 番地 1

非常適合爬完護摩堂山的休憩處

長岡市寺泊きんぱちの湯

新潟縣長岡市寺泊松澤町

少見的 100% 海洋深層水的浴池

長岡市越後とちお溫泉おいらこの湯

新潟縣長岡市赤谷 179 番地 2

重鹹又帶著汽油味，水質非常滑溜的溫泉

1. 村杉溫泉的共同浴場「藥師乃湯」／ 2. 五泉市さくらんど溫泉會館／ 3. 田上町的溫泉會館ごまどう湯っ多里館／ 4. 長岡市寺泊的溫泉會館きんぱちの湯／ 5. 長岡市越後とちお溫泉おいらこの湯

2

1

5

4

3

頂級 溫泉旅館

縣內不乏住宿價格昂貴的高級旅館，這些旅館之所以有名，有些是曾獲得許多旅館業界的大獎，有些是因為提供極為舒適的軟硬體，或是具有時代意義的老牌飯店。想感受奢華溫泉的品質和服務，以下6家頂級溫泉旅館值得試試。

里山十帖

satoyama-jujo.com／新潟縣南魚沼市大澤1209-6／(0257)83-6777／JR上越線「大澤站」搭旅館免費接駁車（一天一班，須事先預約）

曾經被30名旅遊專家票選為「2014年度日本第一的旅館」、「最棒的溫泉」第一名，Tokyo FM「クロノス」節目的「絕景露天溫泉」排行榜第一名，里山十帖可說是新潟旅館界的翹楚。

主建築物是150年歷史的超大古民家，有12間房間，6間可以遠眺山景、6間鄰近森林，房型不太一樣，但都能給予旅人無盡的放鬆感。

這裡最令人讚不絕口的是料理，曾在米其林三星餐廳修業的主廚，喜歡到天然資源豐富的南魚沼深山中，採摘山菜當作食材。而旅館提供的白飯，是來自南魚沼市號稱米仙人農家所種植的越光米，香甜有嚼勁，簡單樸素卻令人難忘。

1. 主建築是古民家改建而成／2. 里山十帖的接待大廳／3. 大澤山溫泉的泉水非常細緻，泡完之後皮膚會變得很光滑／4. 主廚充分掌握各種食材的特性，化成一道道令人驚豔的美食／5. 房間內部的設計與色調令人感到十分放鬆

1. 夢屋客房的家具經過特別挑選，好看又舒服／2. 房間的陳設簡單素雅／3. 旅館大廳模樣／4. 館內有5間客房附有露天風呂／5. 遠離熱鬧的溫泉街，從餐廳看出去是漂亮的櫻花樹與山景

夢屋／ゆめや

http i-yumeya.com／新潟縣新潟市西蒲區岩室溫泉905-1／(0256)82-5151／JR越後線「岩室站」搭計程車10分鐘

岩室溫泉位在新潟市的邊陲地帶，但距離知名的彌彥神社非常近，因此往來的遊客不少，溫泉街也算熱鬧。這區面積最大的傳統旅館就是夢屋。離大街較遠，主建築加上1棟別館，也才只有11間客房，其中5間附有露天風呂。

為了保護客人的隱私，夢屋的設計和動線安排，讓入住的每一組客人幾乎都不會相遇，整間旅館保持在非常寧靜的狀態，彷彿窗外的一片落葉掉到地上，都可以驚醒打盹的人。

溫泉來自於自家的100%源泉，一泊二食方案可選擇的餐食種類非常多，就算吃素的旅客也不用擔心。傳統日本料理的技藝，加上新潟縣產的在地食材，將每一道料理的色、香、味發揮到極致。

旅館內的每件家具和擺設品都經過特別挑選，兼具美感和實用性，隨便坐在一張椅子上都舒服地不想起身。偌大的庭院整理得乾淨素雅，高品質的住宿體驗讓夢屋在2020年的米其林評鑑旅館部門獲得三顆星的好評。

1. 赤倉觀光飯店的獨特設計，讓室外的水池與藍天有了巧妙的搭配／2. 泉質十分滑順，水中漂浮著大量的湯花就是天然溫泉的證明／3. 飯店外觀典雅／4. 飯店裡的小酒吧／5. 各種甜點是必嘗的美食

赤倉觀光飯店

http akr-hotel.com／新潟縣妙高市田切 216／(0255)87-2501／えちごトキめき鐵道「妙高高原站」搭飯店免費接駁車（需事先預約）

赤倉觀光飯店是 1937 年大倉財團繼上高地帝國飯店、川奈飯店之後的傑作，也是當時具有代表性的國際觀光旅館，因為天皇家三代都曾來此度假，更奠定了飯店的高級地位與歷史意義，在許多介紹日本名宿的書中，幾乎都會收錄這間飯店。

飯店位在越後富士妙高山的山麓，海拔約 1,000 公尺高，可以眺望到長野縣的野尻湖。由於地勢的關係，這裡每個月平均會有 2 或 3 次的機會，可以從飯店的陽台看到整片雲海。

溫泉的泉質為硫酸鹽／碳酸水素鹽泉，泉水中漂浮著白色的湯花，泉質非常好，推薦大家也來感受天皇家族到此度假的愉悅心情。

天皇家族來此度假的留影

龍言

http ryugon.co.jp／新潟縣南魚沼市坂戶 1-6／(0257)72-3470／JR上越線「六日町站」搭計程車 4 分鐘或徒步 18 分鐘

位於日本最會積雪的地區之一南魚沼市，龍言想要表達的概念是雪、天空、大地、山川與人和生物的圓滿調和。在這個理念下，龍言在建築設計和餐食提供上，都選擇最貼近自然的素材。遊客可以自費參加南魚沼料理文化體驗、散步或騎單車探訪大自然等活動，享受遠離塵囂的心靈之旅。

角屋旅館

http kadoyasan.com／新潟縣阿賀野市村杉 4631-1／(0250)66-2221／JR羽越本線「水原站」搭公車 26 分鐘

角屋旅館在日本的溫泉旅館評比中多次得到大獎。除了環境整潔、賓至如歸的服務態度，角屋旅館還針對不同族群提供應有的服務，例如對孕婦、銀髮族的房間加強安全防護；對慢性病、腎臟病族群提供適合的餐點等，每個細節都體貼入微。

旅館所使用的蔬菜和米是自家農園種植，漁獲則是全部來自新潟港的本地海鮮。這裡有4間個人風呂，住宿房客可以隨意使用，享受不被打擾的空間。夏天在溫泉附近還有大量的螢火蟲出沒。

玉城屋

http tamakiya.com／新潟縣十日町市松之山湯本 13／(0255)96-2057／鐵道ほくほく線「松代站」搭旅館免費接駁車（一天一班，需事先預約）

玉城屋是間餐飲部門獲米其林一星、旅館部門也獲米其林推薦的溫泉旅館。玉城屋號稱「酒之宿」，本身具酒匠資格的第四代旅館老板，收藏了 100 種以上的日本酒、3萬瓶以上的紅酒，其中不乏只有在這裡才喝得到的限定酒。

旅館提供法式料理，老板會在現場為客人推薦適合搭配的酒，來到玉城屋絕對能享受到頂級的美食與溫泉饗宴。

1. 龍言的古民家建築十分優雅／ 2. 角屋旅館冬季推出當地捕獲的頂級松葉蟹大餐／ 3. 玉城屋客房的露天溫泉

3

2

1

觀光列車

暢快體驗

JR和私人鐵道公司都在新潟縣內推出觀光列車，路線是專門為遊客所規畫，車廂設計和餐點都充滿著新潟元素，非常適合喜歡鐵道旅行的旅人。但要注意的是，這類觀光列車大多需事先預約，才能充分享受到搭乘觀光列車的樂趣！

1. 冒著黑煙的 SL 車頭震撼力十足／ 2. 列車行駛途中需要停車加水／ 3. 車內兒童遊戲空間／ 4. 復古又美麗的蒸氣火車車身，轉彎時展現優雅身段

新潟縣新津站⟷福島縣會津若松站

SL磐越物語

蒸汽火車×懷舊復古

從新潟到福島縣會津若松橫跨 126 公里，速度較一般電車慢，但乘車過程中能體驗到許多小樂趣（例如販賣各式紀念品的SL茶屋），一點都不無聊。列車會在中途車站停車補水，也會讓乘客下車觀看過程。SL磐越物語是復古的蒸氣火車，沿路有許多攝影師蹲點拍照，隔著車窗和外面的人互相揮手，也是搭乘SL的樂趣之一。

新潟縣新潟站⟷山形縣酒田站

海里

美景入眼×美食相伴

海里於2019年登場，行駛在新潟站和山形縣酒田市之間日本海側的觀光列車。名稱的由來是列車行駛的路段，有相當豐富的「海洋」與「山里」資源，故稱作海里。這班車從營運初期就很難訂位，尤其是有提供餐食的第四車廂。

海里列車的概念是期待客人可以在搭車過程中體驗新潟和庄內（山形縣酒田、鶴岡一帶）的美食，以及日本海的景觀，包含沿途觀光和用餐時間，乘車時間約3.5小時。

列車的基本色是橘與白，橘色代表美麗的夕陽，白色代表新雪。因為希望客人能放鬆欣賞沿途風景，列車在設計上強調開放感，達成列車和風景一體的概念。

列車為全車指定席；第一車廂是一般電車的座位形式，比較感受不出觀光列車的高級感。第二車廂是包廂座位，舒適度應該僅次於第四車廂。第三車廂是商店。附有餐點的第四車廂是最熱門、最難買票的，餐食皆由知名餐廳的主廚特製。非第四車廂的旅客也可以在3天前預約海里特製便當，讓坐在第一車廂的乘客也能感受到海里的趣味。

夏天的時候，從山形回新潟的列車還會在桑川站停留，讓乘客下車欣賞日本海的夕陽。

越乃 Shu*Kura 上越妙高站⟷十日町站
湯澤 Shu*Kura 上越妙高站⟷越後湯澤站
柳都 Shu*Kura 上越妙高站⟷新潟站

越乃 Shu*Kura

小酌名酒×微醺自在

稱它「越乃 Shu*Kura」其實有一點點不完整，因為這班列車隨著路線不同還有「湯澤 Shu*Kura（ゆざわ Shu*Kura）」與「柳都 Shu*Kura」兩種名稱。名稱很好懂，ゆざわ Shu*Kura，表示終點站在越後湯澤，而柳都 Shu*Kura，終點是新潟市（柳都是新潟市的別名），起站都是上越妙高站。越乃 Shu*Kura 因為班次較其他兩種車多，所以一般直接稱這台車為越乃。

越乃 Shu*Kura 是以品酒為主題的列車，共有三節車廂。1號車廂是旅行套裝的行程，需事先至JR網站查詢並預約購買。車上提供華麗的便當，並隨餐送上3種新潟產的日本酒和可愛的紀念品，搭乘一趟至少可以喝到5至6種酒，很適合喜愛日本酒的遊客來一趟電車與酒的小旅行。如果不喝酒，車上也提供多種無酒精飲料讓客人品嘗。座位絕大多數是面向窗外，比較有搭乘觀光列車的感覺，尤其是5、7、9、11AB的座位都很熱門。

2號車廂是本觀光列車的販賣部以及各項娛樂活動的場所，可說是個輕鬆歡樂的酒造空間。而3號車廂的座位較普通，可以直接在JR窗口購買指定席座位。

1. 越乃 Shu*Kura 典雅的車體／ 2. 越乃 Shu*Kura 1 號車提供便當和日本酒／ 3. 越乃 Shu*Kura 2 號車的現場三重奏，陪伴客人度過愉快的品酒時間／ 4. 海里以橘白為主視覺的車體設計／ 5,6. 海里的最高級第四車車廂附有餐點／ 7. 雪月花的美麗外觀，車體的塗裝很精緻／ 8. 雪月花上色香味俱全的三層日式便當，上車時，座位上已擺好當日的便當

上越妙高站⟷糸魚川站

雪月花

最大觀景窗 × 奢華不凡

行駛於新潟上越地區的雪月花，全車車體在新潟製造，車內結合了設計者的理念和新潟的高品質工藝，打造出尊爵不凡的奢華空間，包括有日本最大的列車觀景窗，以及委請當地知名餐廳製作的最高級車內料理，讓這台列車得到2017年的鐵道友之會獎(ローレル賞)。

雪月花僅有兩節車廂，路線分成山線和海線；走山線可以看到雄偉的妙高山和火打山；走海線的路程約有一半是壯闊的日本海景。想要搭乘必須事先預約，而且基本上禁帶外食和飲料，搭乘時要特別留意！

壽司師傅從指尖傳遞日本海的美味

にいがた Niigata

美食物產吃上癮

作為北前船（江戶時代中期開始，巡迴在大阪和北海道間的日本海，到處靠港停泊做商品買賣的商船群）的停靠港，新潟從很早以前就已經是個發達商港，引入了各地的商品、食材，加上背山面海的環境，本身農林漁牧業就很發達，在這些絕品食材的加持之下，加上氣候條件的配合，衍伸出許多與飲食相關的物產，並碰撞出兼容古今南北的美食。

好吃、好買，是新潟觀光的特色，有些獨特的傳統美食更是只有這裡才吃得到，歡迎大家一起來品嘗。

越光米的故鄉

新潟縣三大越光米產地為岩船、佐渡和魚沼，其中南魚沼地區生產的越光米等級最高，在日本米評比大會中，曾多次獲得最高評價的特A級。

高級米的專產地

日本最長的河「信濃川」流過新潟縣，帶來肥沃的土壤，使新潟自古以米就是稻米的主要產地。其中最知名也最令本地人自豪的品種就是越光米（コシヒカリ）。越光米一詞的由來是因為北陸在古代為越國地區，加上了一個「光」字，意即越國之光，代表了對這種米的驕傲。

本縣自2017年起，開始大力宣傳另一種米「新之助」。稻米依照收成的時期可分成早生、中生及晚生，大部分的越光米都是中生，如果當年氣候異常，就像把雞蛋放在同一個籃子裡一樣危險，因此後來培育出早生品種こしいぶき，以及最新的晚生品種新之助。其實新之助帶有25%越光米的基因，加上不斷試驗改良而成，可說是終極新潟米。

新潟米的學問

米可分成「單一原料米」和「複數原料米」。單一原料米是指產地、品種、生產年分等條件全部一致；複數原料米就是產地、品種、生產年分等不是單一的，簡單來說就是混米；例如，今年的新米和去年的舊米混合，或是新潟產的

2

1. 一望無際的稻田是新潟最療癒的景色／2. 新潟米的新品牌新之助／3. 賣場內堆滿了新潟越光米三大產區的米／4. 南魚沼市的倉友農園以當地越光米製成的人氣飯團／5. 用米為原料製成的米菓，是新潟的人氣土產／6. 新潟的龜田製菓是日本知名的米菓製造商／7. 萃取自新之助米成分做成的保濕面膜，是最新人氣商品

1

越光米和福島縣的越光米混在一起。如果在市面上買到非常便宜的越光米，可以合理懷疑其中會有混米。

單一原料米雖好，嚴格說來也算是混米，例如今年佐渡產的越光米，收成之後都統一送到米倉保存管理，最後再送到米商做包裝處理，等到出貨時，也分不清這個米到底是哪一戶農家栽種的，所以最高等的米稱作「農家直送米」，就是最純粹的單一原料米，如果又是有機栽培，那更是價格不斐的最高級品。

新潟米的周邊商品

除了最常見的米菓，廠商也開發出米的其他周邊商品，例如，從稻米中萃取出美白保濕成分製成面膜。

此外，收成時需要用到米袋包裝，由於稻米很重，米袋的材質雖然都是紙類，但都設計得堅固耐重。有時米袋數量過剩，棄之可惜，南魚沼市的農家媽媽就廢物利用，將剩餘的米袋加上內裡縫製成手提袋，個個袋子都是農家媽媽親手縫製，內裡花色不盡相同，端看手邊有什麼花色的碎布，每個袋子都是獨一無二的呢！

來自日本海的 鮮美滋味

新潟縣緊鄰日本海，海產豐富，最有名的前 3 種應該是南蠻蝦、紅喉（のどぐろ）和松葉蟹（ズワイガニ）。此外，柏崎港的真鯛和佐渡的寒鰤魚，也都是縣內知名的代表性海鮮。

南蠻蝦

產季在11月～隔年3月，佐渡沖、新潟沖和糸魚川沖是主要產地，跟其他的蝦類比起來，南蠻蝦具有非常濃郁的甜味，是其最大特徵。

紅喉

產季在9月～隔年1月，這種高級的魚類可說是新潟的魚王，魚身有著濃厚的脂肪香氣。

松葉蟹

在縣內的漁港幾乎都捕捉得到，豐收期是在每年的11月～隔年3月間，本縣以販賣松葉蟹為主的漁港有長岡市的寺泊漁港和糸魚川市的能生漁港，蟹腳肉肥美、蟹膏豐富是其魅力所在。

1

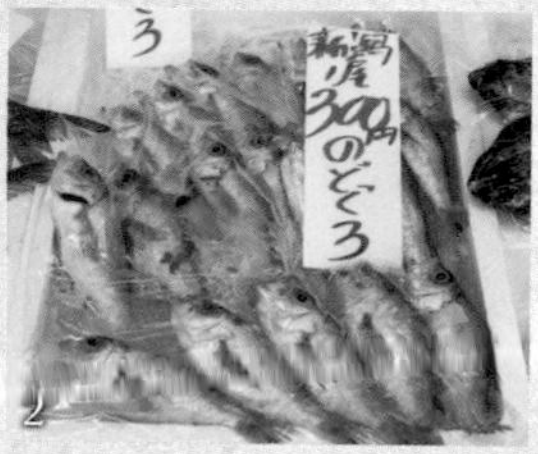

2

兄弟壽司

每一貫的味道都令人著迷

http kyodaisushi.gorp.jp／新潟縣新潟市中央區東堀通8番1427-2／(0252)24-9581／18:00～24:00／JR「新潟站」搭計程車10分鐘／2.5小時／需事先預約

2020年首次公布的米其林指南新潟版，兄弟壽司第一次就拿下二星的高評價。昭和35年（1960年）創立，堪稱縣內最佳的壽司店。

主廚在東京的知名壽司店修業超過10年，將名店的傳統絕技帶回新潟，加上當地的新鮮魚貨，創造出無可比擬的美味。本店僅有晚上營業，採完全預約制，第一輪從晚上6點開始，第二輪是晚上9點開始。

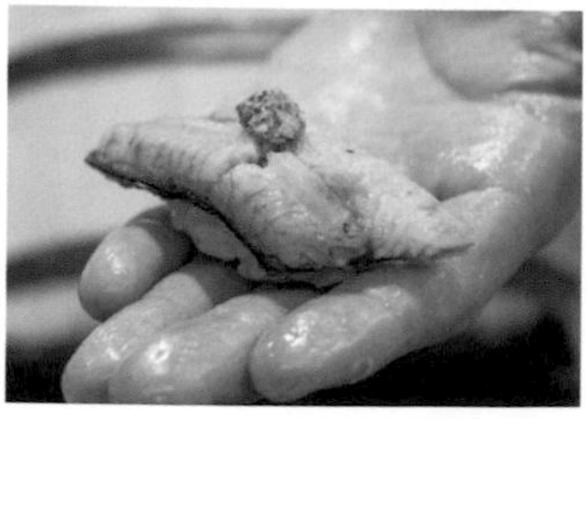

登喜和

使用少見的鐵棒炙燒食材

http tokiwasushi.top／📍新潟縣新發田市中央町3-7-8／☎(0254)22-3358／🕒週四、五中午12:00；週六、日中午11:30、晚間18:00、19:00／休 週一～三中午／➡JR「新發田站」徒步15分鐘／⌛2.5小時／⁉需事先預約

獲得2020年米其林指南一星的登喜和壽司，從昭和29年(1954年)營業至今，已經傳承到第三代主廚掌管，但是仍然常常可以看到第二代、第三代一起工作的畫面。主廚本身對漁獲的挑選獨具慧眼，店內九成以上都是使用本地的上等海鮮，對食材的處理也非常細膩。

1. 特產甘甜的南蠻蝦／2. 新潟魚王紅喉／3. 四季都可品嘗到當季盛產的海鮮丼／4. 本縣有名的松葉蟹／5. 紅喉握壽司

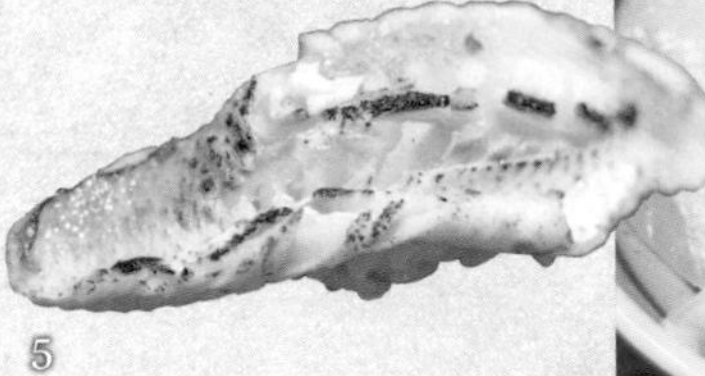

除了上述幾個港口可以吃到本縣特產海鮮，新潟市中心緊鄰萬代碼頭的新潟漁會拍賣市場，以及岩船港鮮魚中心，都是高人氣的海鮮直賣和品嘗新鮮海產的地方。

本縣擁有超長的海岸線，帶來種類豐富、鮮度一流的海鮮，也有非常多的壽司店。新鮮的魚產很適合拿來做成海鮮丼或壽司，最能嘗出鮮甜的滋味，其中不乏值得推薦的好店，但需注意的是，許多名店只接受預約客。

鮨・割烹丸伊

擅長各種紅喉料理的名店

http sushi-marui.com／📍新潟縣新潟市中央區東堀通8-1411／☎(0252)28-0101／🕒11:30～14:00、17:00～22:30／➡JR「新潟站」萬代口搭往古町方向公車，於古町站下徒步5分鐘

丸伊在新潟市內的知名度很高，許多介紹新潟的旅遊雜誌都會提到它。炙燒紅喉丼飯(のどぐろ炙り丼)和各種紅喉料理是本店的名物。炙燒逼出紅喉的油脂隱約浮在表面，一口咬下，脂肪的香味就會在口中擴散出來，十分美味。

炙燒紅喉丼飯

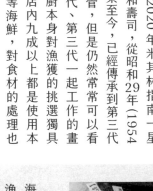

佐渡迴轉壽司弁慶

美食網站評鑑第一的迴轉壽司

http sado-benkei.com ／ 新潟縣新潟市中央區萬代島 2-4 ／ (0252)55-6000 ／ 10:30～21:30 ／ JR「新潟站」徒步20分鐘

縣內的壽司餐廳和食堂超過 2,000 家，可說是日本海側第一的壽司王國，最有名的迴轉壽司就是佐渡迴轉壽司弁慶，它曾在日本 tabelog 網站（評價日本所有地區的餐廳美食網站）上獲得全日本迴轉壽司的最高分。創始店其實在佐渡島，九成食材源自於該島的海鮮，壽司用的米飯也是當地生產的越光米。

蘭

推薦中午時段前來享用

http arargi-nigata.com ／ 新潟縣新潟市中央區東堀通 6 番町 1050-1 石田ビル 1F ／ (0252)26-7772 ／ 11:30～14:00、18:00～21:30 ／ JR「新潟站」萬代口搭公車，於本町站下徒步 5 分鐘

蘭位在新潟市區商業大樓的一樓，與京都的懷石料理餐廳大多開在獨棟一戶的感覺不太一樣，但室內仍具有懷石料理餐廳的氣氛與格調。通常這種餐廳的午餐和晚餐價差頗人，如果想要享受蘭的品質和服務，又要考量價位的話，推薦中午時段前來享用它的南蠻蝦丼。

せかい鮨

不能錯過新潟壽司三昧極

http sekaisushi.com ／ 新潟市中央區沼垂東 4-8-34 ／ (0252)44-2656 ／ 11:00～14:00、17:00～21:00 ／ JR「新潟站」搭公車至沼垂四ッ角站下車徒步 4 分鐘，或騎乘自行車 10 分鐘

在紅喉和南蠻蝦這兩種食材的應用功力上，本店可說是經驗老道。推薦初訪的客人必點兩大招牌「炙燒紅喉丼飯」和「新潟壽司三昧極」（新潟すし三昧極み）。此外，日本最高級的觀光列車「四季島」行經本縣的路線時，也會邀請店老板上車，現場為乘客服務，可見這間店在新潟的名氣了。

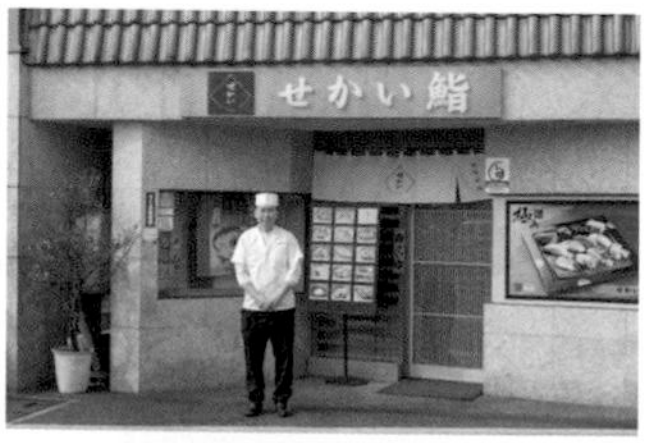

一心壽司

每週六晚間有鮪魚解體秀

kotobukisushi.com／新潟縣新發田市城北町2-345／(0120)85-5502／11:00～15:00，17:00～21:00／JR羽越本線「新發田站」下車，搭計程車8分鐘

位在新發田市的一心壽司，是一間可以和弁慶迴轉壽司相匹敵的迴轉壽司名店，小田師傅曾經在全國迴轉壽司大賽中得到優勝獎，雖然是迴轉壽司。但製作過程毫不馬虎，料理實力非同小可呢！

對外國遊客來說，一心壽司還貼心地提供平板點餐的服務，可以切換語言，加上實品照片，讓不懂日文的遊客也可以放心點餐。

豆知識

新潟人的家庭餐廳

說到發源於新潟的連鎖家庭餐廳，「三寶」和「里味」兩間在縣內應該無人不知。尤其是三寶和同公司旗下的品牌「三寶亭」，在縣內的分店非常多，近年還跟日清食品合作推出泡麵呢！

1. 里味是在地的連鎖餐廳／2. 三寶餐廳／3. 三寶餐廳的炒飯是一絕

ことぶき

一心壽司的姊妹品牌

kotobukisushi.com／新潟縣新潟市江南區旭3-1156-1／(0120)018-993／11:00～15:00；17:00～21:00／JR信越本線「龜田站」徒步10分鐘

ことぶき與一心壽司是同一集團所經營的另一個迴轉壽司品牌，在新潟市內一共開了3間分店。總公司就位在新潟市中央批發市場內，標榜可以直接購入最新鮮的食材，再直送到各店鋪，提供給顧客吃到最新鮮美味的料理。

與一心壽司一樣，本店也是採用平板點餐，非常方便。這裡的食物都很新鮮，如果真的不知道要點什麼菜色，直接點選當日推薦壽司，就不用擔心會踩雷了。

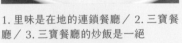

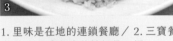

製酒廠
數量全國第一

說到新潟，大家除了聯想到越光米之外，最令人津津樂道的就是日本酒了。
本縣四季分明，日夜溫差大，這樣的環境有利於米的生長和酒的釀造。
目前縣內的酒造數量高達 90 多間，是日本最多酒造的縣，其中大約四成酒造對外開放參觀。

寶山酒造
能當作化妝水的日本酒

http takarayama-sake.co.jp／新潟縣新潟市西蒲區石瀨1380／(0256)82-2003／09:00～16:30／JR越後線「岩室站」搭計程車10分鐘／1小時／需事先預約

明治18年（1885年）創業的寶山酒造，位於彌彥神社附近，規模不大，每年卻能吸引1萬6千名旅客造訪。創業當時就使用到現在的建築物，已有100多年的歷史，走在酒造中彷彿走進時光隧道，充滿著歷史感與懷舊風。

參觀結束之後，酒造會提供6種以上的酒給參觀者試飲，現場也有酒的販售區。但是寶山酒造最引人注意的魅力之一，其實是酒造的老板娘！這麼受人注意的原因是老板娘的逆齡膚質，而她的美肌祕訣就是在臉上塗抹日本酒。

老板娘披著繡上酒造名字的法被帶領遊客參觀，她細緻的皮膚，比美酒更為吸睛。超過60歲的老板娘有著一頭摩登的銀白髮和紅唇，個子嬌小，身形卻非常的挺直且充滿元氣，長年的待客禮節和品味表露無遺。大家都很想知道老板娘的美膚祕技，她表示就是把日本酒當作化妝水塗抹，不用再擦乳液和粉底，在肌膚保養的投資上，遠比一般人還省錢省事。

1

2

酒造有一款ひと飲み酒，是日本「OMOTE-NASHI SELECTION 2016」的得獎作品，在女性中非常有人氣，因為這款酒除了可以喝之外，還可以當作化妝水，而老闆娘儼然就是這款商品的最佳代言人。

旅遊 Spotlight

甘酒和 清酒面膜

在日本超市常會看到一種名為「甘酒」的飲品，甘酒雖名「酒」，其實完全沒有酒精成分，喝起來也沒有酒味。因為甘酒對身體機能和美容養顏大有幫助，所以又被稱為「喝的點滴」。

有些朋友可能較不喜歡甘酒的濃稠感和甜膩感，推薦一個讓甘酒變更好喝的祕訣，就是選購無添加砂糖的甘酒，再加入牛奶以 1:1 的比例混和，這樣調出來的甘酒非常好喝，天天喝也不會造成身體的負擔。

此外，近年來有幾間酒造陸續推出日本酒面膜，強調添加日本酒，可以提升肌膚保濕潤澤的效果，在專賣新潟土產和伴手禮的店都可以找得到。

1

2

1. 甘酒是沒有酒精成分的飲品／2. 以清酒做成的保濕面膜

5

3

4

1. 寶山酒造外觀／2. 提供試飲的酒種類非常多／3. 酒造門口掛上綠色的杉玉／4. 試飲結束後，可到販賣部挑選喜歡的清酒／5. 老板娘帶領大家簡單參觀酒造，並解說製酒工具

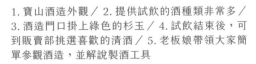

越後櫻酒造

連續兩年獲得全國新酒評鑑會金牌獎

http echigozakura.co.jp／新潟縣阿賀野市山口町1-7-13／(0250)62-2033／10:00～16:00／JR羽越本線「水原站」徒步15分鐘／0.5小時

位於阿賀野市，這間酒造所生產的酒曾經在全國新酒評鑑會上，連續兩年獲得金牌獎呢！想要參觀越後櫻酒造的散客可以當天前往，但團客需在1週前預約。

工廠的空氣裡瀰漫著濃濃的酒香，工作人員會帶領訪客從精米區開始參觀，最後會看到萃取後的金黃色酒液溢流出來。參訪結束後，還有1個試飲區，可以試喝酒造的所有產品。

1. 越後櫻酒造位於大馬路邊，招牌十分醒目／2. 散客可以隨時登記參觀，並有專人解說／3. 參觀完酒造之後可以試飲，或至販賣區選購喜歡的酒／4. 非常推薦清爽香甜的甘酒(無酒精)

旅遊 Spotlight

にいがた酒の陣 NIIGATA SAKE SINCE 2004

日本版的慕尼黑啤酒節

因為好水、好米，加上氣候條件佳，本縣製酒業相當繁榮，每間酒造的職人都傾全力做出自家的口味和品牌。為慶祝新潟縣酒廠聯合會50週年，在2004年第一次舉辦「新潟淡麗にいがた酒の陣」活動，集合縣內酒造所生產的酒(即地酒)和最具代表性的食物，提供民眾輕鬆和歡樂的時光。

本活動循例都在3月時於Toki Messe舉辦，每年有大約90間酒造參加，提供500種地酒供民眾品嘗。往年為期2天的活動，平均都能吸引超過13萬人次入場，2022年之後因應新冠疫情而限制入場人數，暫時改採事前報名制。

1. 酒の陣的場地都在Toki Messe大樓內舉辦／2. 每年酒の陣活動的盛況

今代司酒造

錦鯉系列是今代司最有人氣的伴手禮

http imayotsukasa.co.jp／📍新潟縣新潟市中央區鏡が岡1-1／☎(0252)45-0325／🕒09:00～17:00／$15人以下免費參觀，16人以上參觀須由旅行社預約（1人400日圓）／➡JR「新潟站」徒步15分鐘／⌛1小時

創立於1767年，是距離新潟車站最近的酒造，產品品質高，近年來更積極在設計包裝和產品的多樣性上精益求精，例如非常吸引人的錦鯉系列，瓶身的設計宛如一尾悠游在水中的錦鯉。

酒造每天安排固定時段開放導覽參觀，全程約30分鐘。結束參觀後可以免費試喝3種酒，或是另外支付1千日圓，品嘗10種以上的日本酒。

1. 今代司酒造的外觀／2. 酒造裡面有許多充滿歷史感的今代司文物／3. 錦鯉系列是今代司最有人氣的伴手禮，瓶身設計就像一尾悠游水中的錦鯉／4. 參觀完今代司酒造，可以拿著道具拍照紀念

豆知識

酒造門前的杉玉

在酒造的門口，通常會掛著用杉樹的葉子製作而成的一種球狀物，叫做杉玉。一般酒造常年都是垂掛咖啡色的杉玉，祈求能做出好酒；如果是掛著綠色的杉玉，代表新酒已經製作完成的意思。

其由來是奈良縣有一個祭拜酒神的大神神社，每年11月14日都會掛上杉玉，祈求今年能釀造出好酒，這個習俗從江戶時代初期開始，後來普及到全國。

因為大神神社所在地三輪山，周邊有很多杉木，這些杉木被視為神聖之物，因此有許多酒造都會向大神神社獻酒，並取得三輪山的杉木做成杉玉，吊掛在門口。

1. 每年從三輪神社送來今代司的「杉玉」／2. 今代司的倉庫「江戶藏」

高檔 日本料理

每個城市都有高級餐廳，吸引饕客或政商名流前往用餐，新潟縣內也不乏這種高級名店。這類餐廳通常具備以下特色：歷史悠久、主廚曾經在東京等大都市的名店修業過、對食材的選擇非常講究，甚至獲得米其林星級的肯定。

鍋茶屋光琳

米其林二星，正統的日本料理

http kourin.info／新潟縣新潟市中央區東堀通8番町1420／(0252) 23-2015／12:00～15:00、18:00～22:00／JR「新潟站」萬代口搭計程車7分鐘／需事先預約

2020年新潟縣首度參加米其林評鑑，共有3間餐廳獲得米其林二星殊榮（該年米其林三星從缺），其中一間就是鍋茶屋光琳。1846年創業、1910年重建的木造三層樓建築，列入日本國家登錄有形文化財，從很早以前就是皇室和達官顯要餐敘的地方，據說這裡也是新潟出身前首相田中角榮的愛店。

目前鍋茶屋光琳已經傳到第七代的料理長，其純厚的料理功力，將新潟的各種食材化成一道道頂級懷石料理，是不能錯過的名店。

1

2

1,2. 鍋茶屋光琳提供正統的日本料理

割烹渡辺

米其林一星，採用新潟食材

http kappou-watanabe.net／新潟縣新潟市西蒲區卷甲2443／(0256)72-2859／12:00～13:00需入店；18:00～20:00需入店／JR越後線「卷站」徒步3分鐘／需事先預約

從昭和8年（1933年）賣川魚料理起家，現在的料理長已經是第四代渡邊，他在新潟的料理界十分活躍，是料理人研究團體ラボクチ的成員之一，這個團體集合了縣內最頂尖的主廚，定期聚會交流料理心得，這也是本地料理能夠不斷進步的原因之一。

本店是米其林一星的餐廳，料理長曾獲得農林水產省的料理人大獎，是值得專程到訪的餐廳。

3

4

3,4. 渡邊採用新潟生產的食材，處理海鮮非常熟練

古門

米其林一星，注重料理的陰陽調和

http common-niigata.com／新潟縣新潟市中央區東堀通9番町1407／(0252) 22-2120／17:30～21:00／JR「新潟站」萬代口搭計程車10分鐘／需事先預約

古門的長谷川料理長，年輕時就在日本各地的知名餐廳修業，一直到子女長大獨立之後，才和老婆決定出來自行創業。

對長谷川料理長而言，長年訓練出來對日本料理的心得，是做料理最重要的關鍵，所謂日本料理的心得就是必須兼具五味、五感、五色、五法，並且注重陰陽調和。因為這種堅持，開店十餘年來擁有許多死忠常客，獲得米其林一星的好評。料理長對紅、白酒也頗有研究，用餐時，可請他推薦搭配餐點的酒類。

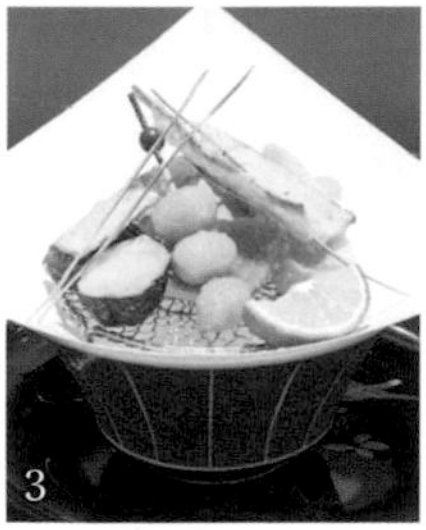

1. 古門的外觀／2,3. 古門的料理重視食材的平衡感，色香味俱全

割烹新多久

米其林一星，料理技巧優異

http murakami-sintaku.com／新潟縣村上市小町3-38／(0254)53-2107／11:30～14:30；17:00～21:30／JR羽越本線「村上站」徒步20分鐘／需事先預約

應慶3年(1867年)開業的割烹新多久，位於新潟縣最北邊的村上市，現在由兩兄弟共同擔任料理長，店內九成以上的食材都是當地生產的，加上優異的料理技巧，獲得米其林評鑑一星的榮譽。

除了季節料理，新多久也提供村上釀造的日本酒，料理長最推薦的是宮尾酒造的「〆張鶴」和大洋酒造的「鄙願」，其中鄙願幾乎未在市面上流通，只有熟識的餐廳才能取得，是一款極為順口又珍貴的新潟地酒。

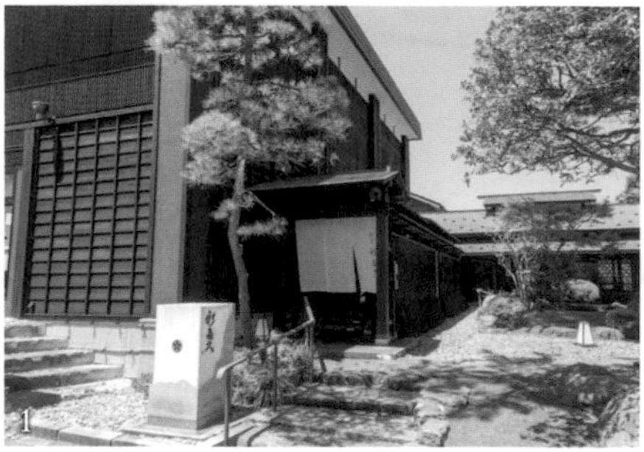

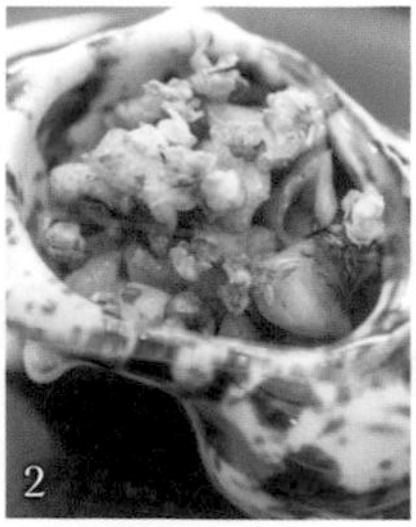

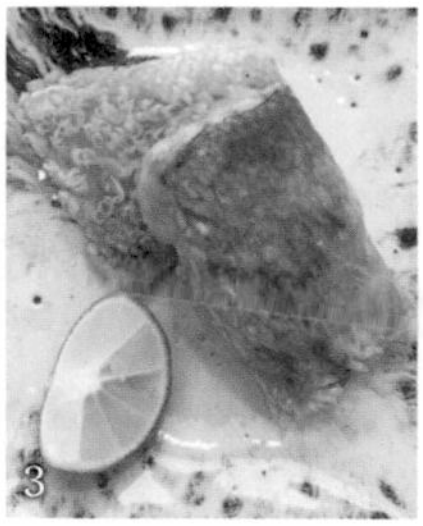

1. 割烹新多久的外觀是一間漂亮的古民家／2,3. 新多久擅長用村上當地的食材做出極致的料理

經典五大拉麵

依據日本總務省的家計調查結果顯示，2022 年間，
新潟市民花在外食拉麵的消費金額僅次於山形市，是日本 47 個都／道／府／縣的第二高。
新潟人愛吃拉麵眾所皆知，或許有一部分原因是因為本地的拉麵真的是口味多元又美味。

背脂拉麵

發源於燕三条一帶，當初是為了勞工而誕生的。勞工在炎熱的工廠中汗如雨下，為了減緩鹽分的流失以及不讓湯汁降溫太快，所以拉麵中加入背脂；又因為是以外送為主，不能讓麵條在湯汁中泡爛，所以才用極粗麵。

杭州飯店

新潟背脂拉麵的發源店

新潟縣燕市燕 49-4／(0256)64-3770／11:00～14:30；17:00～20:00／週一／JR彌彥線「西燕站」徒步 10 分鐘

前身是第一代店主在昭和 9 年（1934 年）創業的「福來亭」，在昭和 30 年代（1950 年代）轉變為杭州飯店。

本店是新潟背脂拉麵的發源店，使用有嚼勁的極粗麵、香濃的煮干醬油湯頭再加上香甜不膩的豬背脂，三位一體的美妙滋味很容易令人上癮。由於這裡的背脂拉麵太有名，其他拉麵店紛紛仿效在麵中加入背脂。店址在燕三条地區，所以背脂拉麵又稱作燕三条背脂拉麵。

1. 超級有名的拉麵店「杭州飯店」
2. 餃子也是杭州飯店的超人氣商品

濃厚味噌拉麵

在大碗公裡面放上麵條、大量的蔬菜和肉片，再淋上以味噌為主的湯底，就是一碗營養好吃的濃厚味噌拉麵。這種拉麵的發源店是新潟市西蒲區的こまどり，當初只是外送給附近溫泉街上的住宿客食用，後來做出口碑，其他店也群起效尤，開始提供濃厚味噌拉麵。

1. こまどり販賣的品項非常豐富，內用區寬敞／2. こまどり的餃子非常美味，是必點項目

こまどり

濃厚味噌與粗麵條是絕配

http komadori-maki.com／新潟縣新潟市西蒲區竹野町2454番地1／(0256)72-2827／11:00～14:30、16:30～21:30／自駕

這間位於西蒲區的名店，每逢用餐時間一定大排長龍。麵條都是自家製作，店家會根據每天溫度和濕度的變化，來調整製麵的細節。本店也非常注重熬湯所使用的水質，用水都經過淨化處理，目的就是要用最佳的水質來引出湯頭的美味。

本店菜單的品項非常豐富，但大部分的客人來到這裡還是為了它的味噌拉麵。こまどり的麵分量十足，濃厚味噌與粗麵條的搭配是一大絕配。如果覺得湯頭太濃，可以再請店家提供稀釋專用的另外一種湯頭。

除了味噌拉麵之外，こまどり的餃子也非常有名。新鮮現做的餃子，菜肉比例非常完美，加上煎得酥酥脆脆的外皮，也是必點的品項之一。

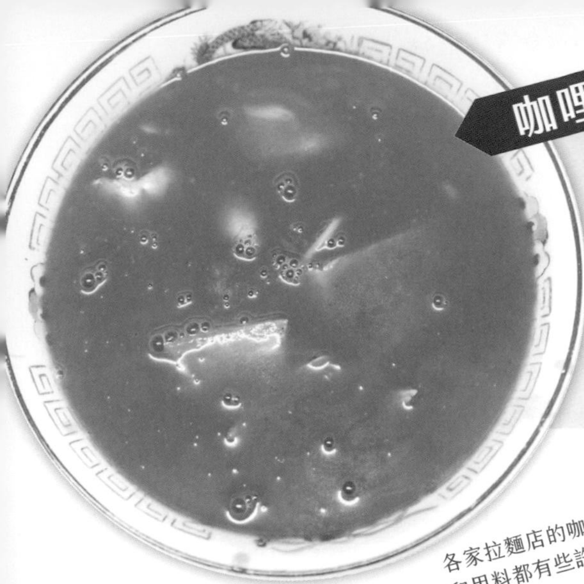

咖哩拉麵

咖哩和拉麵是日本的兩大國民美食，把這兩種東西結合起來，就是咖哩拉麵。咖哩拉麵的誕生是在二次大戰前的經濟高度成長期，三条市有很多工廠，工人們忙著工作常常會忘記吃飯，咖哩拉麵湯頭的濃稠質地，具有保溫的效果，正好可以讓麵條不會太快冷掉。

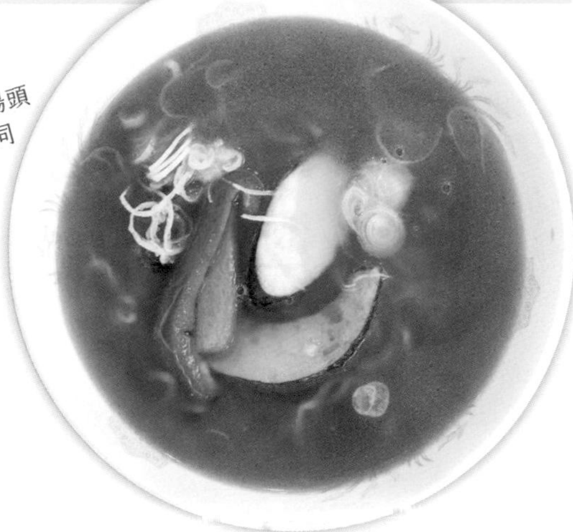

各家拉麵店的咖哩湯頭和用料都有些許不同

大眾食堂正廣

湯頭溫和，咖哩口味圓滑

新潟縣三条市石上2-13-38／(0256)31-4103／11:00～14:30、17:00～21:00／休 週一／JR彌彥線「北三条站」北口徒步20分鐘

與燕三条背脂拉麵一樣，咖哩拉麵也是為了提供當時在三条市工作的鍛冶職人，能夠吃到不會太快變冷的午餐。

現在在三条這一區，仍舊有許多拉麵店都以咖哩拉麵為主打商品。根據三条市咖哩拉麵店聯合會的定義，只要是有咖哩味的拉麵就叫做咖哩拉麵，不論是紅咖哩、黃咖哩或是黑咖哩，加上每間店都有獨家的咖哩配方，外觀或味道都會有些不同，形成多元化的咖哩拉麵市場。

大眾食堂正廣是三条市最有名的咖哩拉麵店之一，這裡的咖哩口味圓滑，湯頭帶出的是一種很溫和、不會過辣的後勁，適合喜歡咖哩口味的朋友來試試看。

小菜菊花和醬油糯米飯

豆知識

新潟的小菜碟子上常會見到菊花，這種飲食文化據說始於江戶時代，是秋天不可或缺的食材。自古以來在農家的庭院或是稻田的一角，都可以看到紫色的食用菊，目前縣內的產量約有八成是出自於白根地區。

另外，本地人辦喜事或是法事時，常常出現的不是紅色的赤飯，而是用醬油調味的茶色糯米飯（醬油おこわ），特別是長岡一帶的中越地區。通常赤飯調味不重（幾乎無味），但醬油糯米飯可是有很香的醬油味喔！

1

2

3

1. 超市常見販賣食用菊花／2. 新潟餐廳的小菜碟子上很常見到菊花料理／3. 新潟人喜歡的醬油赤飯（左），右為一般赤飯

清爽醬油拉麵

在昭和 30 年（1955 年）左右，繁華的新潟市區東堀和西堀一帶，曾經出現許多屋台（路邊攤），當時就已有一些販賣清爽醬油拉麵的店家。由於攤販可使用的火力不強，又需要快速出餐，因此容易煮熟的極細麵搭配味道清淡的醬油湯頭，就演變成現今的清爽醬油拉麵。

2

1

1. 拉麵名店三吉屋／2. 建築老舊，空間不大，客人大多需併桌而坐

三吉屋（西堀本店）

知名老店，湯頭清爽淡麗

新潟縣新潟市中央區西堀通 5 番町 829／(0252) 22-8227／11:00～15:00／休 週二／JR「新潟站」搭公車古町下徒步 2 分鐘

昭和32年（1957年）在古町隨處可見的屋台當中，有一間外觀看起來比較漂亮的就是三吉屋的本店。現在的店鋪是昭和39年（1964年）時搬過來的，除了價格做過調整，其他都維持不變，也是清爽醬油拉麵的代表店。

古町歷經百貨公司和商場的倒閉潮，迄今還能屹立不搖並守著傳統味道的就是三吉屋了。有些當年的客人如今已有了第三代，熟客仍希望這種好味道可以一直傳承下去。

生薑醬油拉麵

說到本縣第二大城長岡市的代表性拉麵，那一定是生薑醬油拉麵。琥珀色的湯頭，加上菠菜、海苔、叉燒肉，讓這碗拉麵的色彩繽紛。最大特色是湯頭加了大量的生薑，在寒冷的冬季，吃完會覺得整個身體暖呼呼的。

青島食堂

生薑醬油拉麵的始祖

新潟縣長岡市宮內 3-5-3／(0258)34-2186／11:00～19:00／休每月第三個週三／JR信越本線「宮內站」徒步1分鐘

本店是生薑醬油拉麵的始祖，昭和36年(1961年)開業，當初只是販售定食和麵類的一般食堂，在50年前才轉型變成拉麵專門店。

雖然是醬油拉麵，但味道卻不死鹹。早期的店主為了要去除豬肉的腥味，嘗試在湯頭中加入各種食材，最後發現生薑的效果最好，不僅能夠去腥，也讓湯頭的味道變得更溫和了。這種拉麵發源於長岡市，所以又稱為長岡生薑醬油拉麵。

青島食堂是知名度非常高的生薑醬油拉麵店

麻婆麵

五大拉麵外的第六種代表麵

麻婆麵就是把麵條加在麻婆豆腐裡，現在在日本許多地方都吃得到，據說發源地也在新潟，縣內還真有不少麻婆麵店，所以麻婆麵也被稱為新潟五大拉麵之外的第六種代表麵食。縣內有幾間麻婆麵名店，包括在新潟市秋葉區的中華食道真、長岡市的拉麵天弓 TENQ、上越市的龍馬軒，以及在村上市瀨波溫泉的四川飯店。

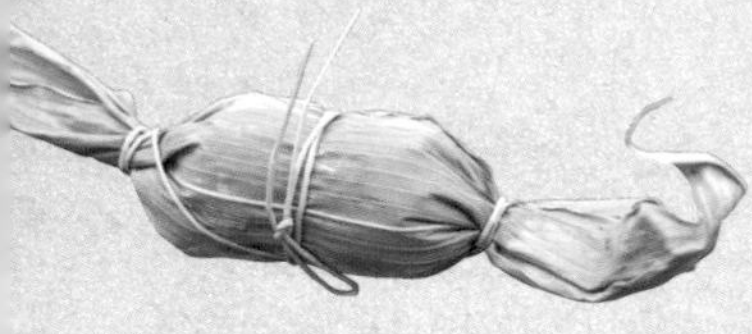

B 級美食與 鄉土料理

新潟是日本最早對外開放的幾個港口之一，也曾是日本最熱鬧的城市，
除了傳統鄉土料理之外，人口聚集加上經濟繁榮帶動下，發展出許多獨特的 B 級美食，
這些美食幾乎都只能在新潟吃得到，來此地旅行的時候請不要錯過。

黑埼茶豆

毛豆界的魚沼越光米

茶豆就是毛豆，本縣的毛豆種植面積和消費量都是日本第一，縣內種植的品種高達40種，其中以黑埼地區產的毛豆最為有名，據說全日本沒有比黑埼茶豆更好吃的毛豆了。黑埼茶豆的特徵是香氣濃郁、味道甘甜，口感軟糯，又稱為「毛豆界的魚沼越光米」。產季在夏天，一邊吃毛豆一邊欣賞花火，是夏天獨有的樂趣。

タレカツ丼／醬汁豬排飯

當地人最愛的豬排口味

當日本從鎖國政策轉向開放的時候，新潟是首先對外開放的5個港口之一，作為一個開放門戶，新潟很早就開始流行西洋料理，炸豬排就是其中一種。新潟的醬汁豬排飯（タレカツ丼）是用數片較薄、較小的豬排，炸完後淋上香甜的醬汁，將日本人喜歡的醬汁配上西式炸豬排，就成了新潟人最愛的豬排口味，醬汁豬排的創始店為古町的炸豬排太郎（とんかつ太郎）。

1. 受到許多新潟人喜歡的醬汁豬排／2. 政家也是新潟知名的醬汁豬排店

栃尾油揚げ／栃尾油豆腐

有250年歷史的鄉土美食

位於長岡市的栃尾地區，製作油豆腐已超過250年，其特色是又厚又長（厚約3公分、長20～22公分、寬6～8公分），吃一片就很有飽足感。這裡有超過10家以上的專賣店，一半的店家設有內用席。

其中最有名的一間應該是毘沙門堂本舖，日本人氣主持人松子（マツコさん）的節目也曾介紹過。另一間人氣油豆腐店是星長豆腐店，在2016年重新整修之後，店面變得明亮又新穎，這裡的吃法是灑上蔥花加醬油。也有店家將油豆腐加上山葵、柚子辣椒醬等配料一起吃，建議遊客可以到各店家品嘗不同的風味。

1

2

3

1. 毘沙門堂本舖是油豆腐名店，上過人氣主持人松子的節目／2. 星長豆腐店整修後走文青風／3. 又厚又長的栃尾油豆腐

へぎそば／片木盒蕎麥麵

加入海藻的蕎麥麵

這是裝在方形木盒上的蕎麥麵，捲成一團剛好就是一口的大小，成為一大特色。

へぎそば的發祥地在魚沼、小千谷一帶，當地自古以來就以「小千谷縮」紡織品聞名，當時紡織品做到最後一道水洗工序時，需要加入一種「布海苔」的海藻類。由於魚沼地區是蕎麥的產地，當地人嘗試將布海苔放入蕎麥粉中，竟然創造出獨特的口感，麵看起來帶點暗沉的綠色，口感比較Q彈，和一般的蕎麥麵不太一樣，へぎそば於是誕生。如今縣內有許多賣へぎそば餐廳，最有名的就是小嶋屋總本店。

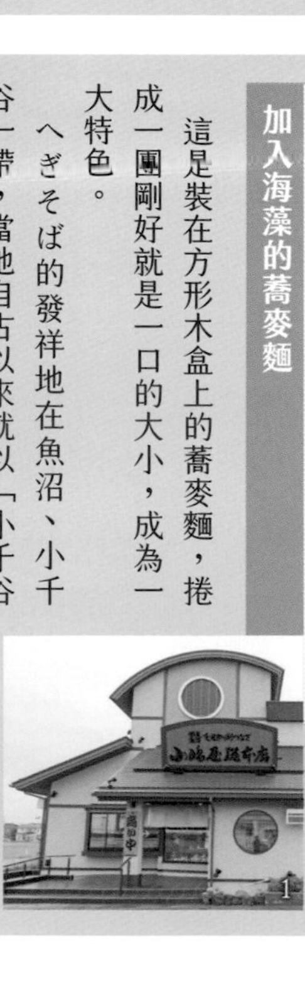

1

2

3

1. 小嶋屋總本店的分店很多，在縣內許多熱鬧的地段都看得到／2. へぎそば都是放在木片盒中，捲成一口大小／3. へぎそば的定食

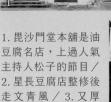

半身揚げ／炸半雞

新潟的超級美食

本地人有一句開玩笑的話：「新潟は、お米、お酒、唐揚げ」（新潟就是，米、酒和炸雞啊！）新潟的炸半雞是把一隻全雞切半，外層沾上薄薄一層咖哩口味的炸粉，炸到金黃酥脆，成為新潟的超級名物炸半雞（半身揚げ）。縣內有許多炸半雞專賣店，最有名的就是鳥專門店せきとり。

新潟的超級美食炸半雞

炸天然鰤魚飯

佐渡島的特色美食

這是佐渡島的特色美食，「佐渡炸天然鰤魚飯振興協議會」還規定，正宗的「佐渡炸天然鰤魚飯」必須使用佐渡產的天然鰤魚、1碗飯搭配5片炸鰤魚、每片炸魚重量20公克、使用指定的醬汁、米飯要用佐渡市認證的越光米品牌「朱鷺と暮らす郷」、配菜必須是佐渡產的食材等，以確保每一碗炸天然鰤魚飯的水準都是一致的。

2

1

1. 炸天然鰤魚飯的可愛宣傳看板／
2. 佐渡島的炸天然鰤魚飯

わっぱ煮

用圓形木盒盛裝魚湯的粟島名物

沒吃過粟島名物わっぱ煮（用木製容器盛裝的鮮美魚湯）這道料理，可以說是沒去過粟島。名字的由來是因為盛裝食物的容器，是用木片做的曲げわっぱ，在這個圓形的容器中，放入新鮮的烤魚、蔥、高湯，再將數顆燒得通紅的石頭放進去，讓整碗湯瞬間沸騰，湯頭異常鮮美，在粟島的民宿幾乎都吃得到這道傳統料理。

粟島名物わっぱ煮

わっぱ飯

色香味俱全的蒸飯

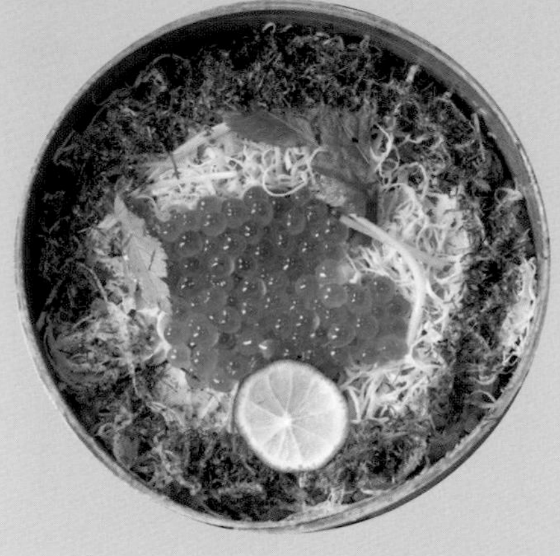

這是用木製容器盛裝色彩繽紛的蒸飯，色香味俱全。在捲成圓形的木盒裡，加入白米和帶有一點鹹味的高湯，上面鋪了一層魚肉蒸熟，上菜之前灑上蛋絲、海苔粉等，色彩豐富繽紛，就是わっぱ飯。

這道料理是新潟縣和福島縣（特別是會津若松市）都有的鄉土料理，作法相同，只是加入的食材會有些微的差異，會津若松地區更著重加入當地的山菜等季節食材。

のっぺ

新潟人的年節料理

新潟人過新年除了一般日本人都會吃的年節料理（おせち料理）之外，桌上還會有一道叫做「のっぺ」的菜餚，是本地的特殊年節料理。

基本材料包括里芋、紅蘿蔔、蒟蒻，香菇，有些地區還會加入當地的特殊食材，例如盛產鮭魚的村上市，當地人就在のっぺ中加入鮭魚。のっぺ基本上是年菜，平常不會特別煮來吃。

鯖魚三明治

令人驚豔的三明治口味

鯖魚三明治（サバサンド）起源於柏崎市，在新潟只有兩個地方吃得到，一個是在柏崎市內的日本海Fisherman's Cape（日本海フィッシャーマンズケープ），另一處是在北陸自動車道米山休息站。

這種三明治是用長型麵包，裡面夾著一片炸鯖魚和洋蔥絲，鯖魚不加裹粉直接油炸，口感清爽，還可以加上檸檬或胡椒提味。

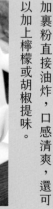

ささだんご／笹團子

用笹葉包裹的紅豆點心

像紅豆麻糬一樣的小點心笹團子，是本縣最具代表性的和菓子，幾乎處處都可以看到販賣笹團子的攤販或店家，也是老一輩新潟主婦都會製作的點心。笹團子是用草餅包上紅豆餡，內餡分成紅豆泥（こしあん）和帶著顆粒的紅豆餡（つぶあん），外層用數片的笹葉子包裹，兩端以草繩捆緊，放入蒸籠蒸熟後即可食用。

1. 草餅包上紅豆餡再用笹葉包裹，就是新潟最有名的點心笹團子／2. 飲品店家發揮創意將笹團子放在飲料上

イタリアン

外觀像義大利麵的特殊麵食

外觀很像義大利麵的イタリアン，是在昭和35年（1960年）左右，住在新潟古町一帶的富家千金們，想要做出一些比較特別的炒麵，就在炒好的粗麵上，淋上以番茄為基底的濃稠醬汁，味道竟然像義大利麵那樣好吃，於是把它叫做イタリアン。發源自長岡市的フレンド，和在新潟開了20多間連鎖分店的みかづき，都是專賣的店鋪。

1. 在粗麵上淋上濃稠醬汁的イタリアン／2. 主打イタリアン的專門店みかづき

ポッポ焼

香甜鬆軟，祭典攤位名物

是本縣下越地方常見的一種條狀小點心，用紅糖和麵粉混合製成，又稱為蒸麵包，外觀像鼓槌，咖啡色的外皮，口感類似澎湖黑糖糕，在新潟各種祭典集會上，常常可以見到販賣ポッポ焼的攤販。

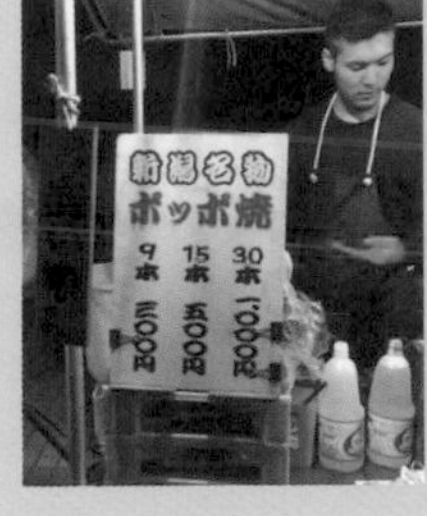

旅遊 Spotlight

糸魚川市的暗黑炒麵

糸魚川市有名的B級美食黑炒麵，黑色麵條是因為加了新潟墨魚的墨汁，市內許多餐廳都吃得到。

季節
鮮甜果物

新潟的農業技術非常發達，除了越光米，在水果方面，也可以栽培出優質的香甜水果，最具代表性的就是草莓、西瓜、西洋梨等。利用溫室的栽培技術，甚至可以種出香蕉、芒果、百香果等熱帶水果，選擇相當多元。

西瓜

砂丘西瓜十分爽脆甜美

據說日本人中最喜歡吃西瓜的就是新潟人，新潟縣的西瓜產量在日本排名第五，但是每戶平均西瓜消費量是全國第一。

新潟的西瓜分成兩大產區，一個是在靠山邊魚沼地區的八色西瓜，一個是靠海邊新潟市西蒲區、北區南浜地區的砂丘西瓜。有名的八色西瓜香甜可口，但種植在沿海砂地上的砂丘西瓜更好吃，甜度非常高，口感爽脆，瓜白部位很薄。說到新潟人的夏天，就是西瓜、毛豆和醃茄子啊！

西洋梨

香氣濃郁、味道甜美的頂級西洋梨

每年的11月中旬～12月中旬，是新潟西洋梨ル レクチエ (Le Lectier) 的產季。原產於法國，在明治36年 (1903年) 時引進至新潟栽種，號稱是夢幻西洋梨的ル レクチエ，絕對可以顛覆一般人對西洋梨軟爛無味的印象。

新潟產的ル レクチエ跟其他的西洋梨不太一樣，鵝黃色的外皮看起來很可愛，是經過40～45天的催熟過程，果皮從綠色轉成鵝黃色後，才能上市販賣。日本有八成以上的ル レクチエ都產自新潟，甜度高、口感細緻，會在唇齒間散發出一股西洋梨的特殊風味，年末時常常被當成送禮的高檔貨。

旅遊 Spotlight

越後姬

人氣果園

皆川農園

新潟縣五泉市寺沢 1-6-44 ／ 平日 09:30～12:00；假日 09:30～15:00 ／ JR 磐越西線「五泉站」徒步 5 分鐘／ 每年約 3/20 開放至 5 月底

皆川農園是大人小孩都喜歡的採草莓熱門地點

高儀農場／タカギ農場

fruitstomato.com/echigohime.html ／ 新潟縣新潟市北區新崎 2757 ／ (0252)59-8111 ／ 10:00～16:00 ／ JR 白新線「新崎站」徒步 15 分鐘／ 2 月中旬～5 月下旬開放

高儀農場的越後姬果園占地廣大

越後姬

果肉細緻、甜美多汁的極品草莓

越後姬是新潟特有的草莓品種，深受縣民的喜愛，也是日本草莓品種中，口感最柔軟的一種。甜度高、水分多、香氣足是其特徵。

這種草莓只有在新潟種植，由於果肉十分柔軟細緻容易碰傷，宅急便業者曾想盡各種方法，還是無法將它運送到關東以南的地區，所以想要品嘗日本最柔軟香甜的草莓，只能在本縣吃得到，而且建議直接到農園現採、現吃、現買，盡情享受越後姬的獨特甜美滋味。

おけさ柿

口感滑潤、甜度高的新潟柿

新潟最有名的柿子就是おけさ柿，又名八珍柿，主要的產地分布在佐渡島的羽茂地區、新穗地區和赤泊地區，此外，新潟市的秋葉區也有少量生產。

おけさ柿是一種外型扁平、內部無核的柿子，名字出自於產地佐渡島的民謠〈佐渡おけさ〉，因為沒有果核，吃起來很輕鬆，口感滑潤、甜味溫和，是佐渡おけさ柿的特色。除了當作家庭食用的水果，也經常被拿來當成贈送的禮物。

葡萄

品種多、甜度高的多汁葡萄

日本的葡萄以山梨、長野、山形及岡山等4縣為主要產地，但其實新潟也有生產葡萄，而且品質不遜於前述的4個產區。

縣內生產葡萄的主要地區在聖籠町，新潟市南區的白根地區也有少量生產。每到葡萄的生產季節，聖籠町就擠滿了遊客，因為這裡的葡萄品種非常多，可以滿足各類遊客的需求，大部分的葡萄園內還可以烤肉，可事先向果園預約食材，一邊烤肉一邊享用葡萄，是一種很不一樣的體驗。

更多的好吃果物

櫻桃

在聖籠町的果園可以採摘知名的佐藤錦櫻桃。

無花果

白根果園栽種的新鮮無花果。

奇異果

新潟縣內也有少量生產奇異果。

梨

各種品種的梨子是白根地區的主要生產果物。

駐足新潟

到人氣果園體驗採果樂

水果之里聖籠町／白根果園

聖籠町號稱是水果之里，在這個行政區內有許多果園，最有名的是初夏的櫻桃和秋天的葡萄，每到採果的季節，都會吸引許多的遊客。就算不想親自採果，公路沿線也有很多販賣當季水果的攤販，熱鬧非凡。

這裡堪稱葡萄和櫻桃王國，尤其是葡萄，共有超過 20 個葡萄園，個個占地廣大，品種很多，從知名的巨峰到近來人氣很高的麝香葡萄等皆有。入園多不收費，還提供試吃，吃完再看喜歡哪種葡萄，就去園內採摘，摘完再秤重付錢就可以了。喜歡採果的朋友請務必前來聖籠町。

此外，新潟最有名的綜合果園可說是白根果園了，占地大，號稱 1 年 365 天都可以摘水果。因為面積大，又有溫室，可以種植不同季節的水果，是旅行團和幼兒園校外教學的熱門景點。園內有自製的果汁、水果聖代和義大利冰淇淋，都是用自家的水果製成，非常美味。

白根是這裡的地名，本身就是果園的集中區，有許多梨子園和葡萄園，尤其梨子是當地特產，路旁也有很多農家販售新鮮水果。

1. 聖籠町的新保農園是知名的櫻桃果園／ 2. 聖籠町的葡萄果園超過 20 座／ 3. 白根果園有許多熱帶與溫帶水果／ 4. 白根果園是新潟知名的觀光果園／ 5. 白根果園還販售自家水果製成的義式冰淇淋

白根果園

http kudamonogari.com ／ 新潟縣新潟市南區鷲ノ木新田 573 ／ (0253)62-5535 ／ 11 ～ 6 月 10:00 ～ 17:00；7 ～ 10 月 09:00 ～ 18:00 ／ JR「新潟站」搭計程車 25 分鐘／ 1.5 小時

新潟
限定飲品

新潟有許多有趣的飲品，包括私人啤酒廠自釀的啤酒，包裝設計漂亮，每家風味都不同，可以各家嘗試比較。另外也有特殊口味的可樂、高緯度地區種植出來的茶葉等。

螃蟹可樂

螃蟹可樂是來到新潟一定要試試的飲料，這是拓洋水產公司研發出來的新潟限定商品，100% 使用日本海捕獲的松葉蟹廢棄蟹殼，從中提煉出可用的成分製成可樂，帶著蟹肉棒味道的可樂，味覺出乎意外地衝擊！

可口可樂

從 2017 年開始，可口可樂公司陸續推出 33 種地區版可樂，在 2018 年推出新潟限定版，瓶身圖案就是最能代表新潟市的萬代橋、柳樹和藝妓，喜歡可樂的遊客歡迎收藏喔！

雪國紅茶

雪國紅茶是位於新潟縣村上市的茶葉老舖「富士美園」所推出的品牌，除了茶葉和茶包，也推出寶特瓶裝的雪國紅茶，用自家栽種、烘焙的茶葉加上胎內高原的天然水製成，搭配餅乾及和菓子都很適合。

雪室咖啡

鈴木咖啡於 1963 年創業，以咖啡及紅茶的加工品為主，在新潟縣內有 7 間直營店。有名的雪室咖啡是鈴木咖啡的獨創商品，其圓滑清爽的口味，相當受到民眾的喜愛！

麵包店 石窯パン工房サフラン青山店

http yamaju-bakery.com/saffron ／新潟市西區青山 1 丁目 3-18 ／ 06:30 ～ 19:00

石窯麵包工房サフラン青山店的外觀非常漂亮，是間超級人氣麵包店，麵包美味、種類繁多，熱門商品很快就賣光。

作者推薦私房美食

這裡列舉久居於新潟的作者最常光顧的美食或餐廳，供讀者參考。

まじガマンできない

http no-gaman.com
新潟市中央區西堀前通 5-764
09:00 ～ 19:00

無添加乳瑪琳，比一般的生吐司吃起來更加清爽柔和，品牌主視覺是一個爆炸頭人。

ナタラジャ

http nataraja.jp ／新潟市西區坂井東 1-3-26 ／ 11:00 ～ 14:30；17:30 ～ 22:00

印度籍廚師在印度就是星級飯店的主廚，提供道地的南印度風味。

おばあちゃんのとりかん

新潟縣五泉市駅前 1-1-12
11:00 ～ 19:00

麵衣薄脆，還帶著濃濃蒜香味的炸半雞，令人無法抗拒。

らーめん 鈴と凛

新潟市西蒲區巻甲 2440-1
11:00 ～ 15:00

用天然食材耗時熬煮的湯頭，不加化學調味，湯汁可以順口地喝光。

ラーチャン家バスセンター店

新潟市中央區万代 1-6-1
万代城巴士中心 1 樓
08:00 ～ 17:00

炒飯粒粒分明，鑊氣十足，令人齒頰留香。

酒麵亭潤（本店）

http ramenjun.co.jp/shop
新潟縣燕市小牧 464-12
11:00～23:00

潤本店除了背脂拉麵必吃，各種中式熱炒也表現得很好，全品項都非常美味。

人氣點心店鋪

縣內有一些厲害的商店，用在地的雞蛋、水果、水、米，
甚至是清酒等高品質食材，做出各種日式、西式的美味點心，
堅持真材實料，追求創意巧思，講究品質健康，
創造出難以取代的特色，是屬於新潟的特定風味。

Chocolatei

巧克力製品加入許多新潟的元素

http chocolatei.jp／◎新潟縣阿賀野市保田1398-1／☎(0250)68-5370／⏰09:30～18:00／休週二（週二不定休）／⇨自駕／⌛1小時

位於郊區卻有著令粉絲著迷的可口甜點，不惜開車遠道而來。如同店名，Chocolatei 的產品是以巧克力為主，但在巧克力製品上加入許多新潟的元素，例如巧克力與新潟地酒，或是和村上茶的結合，使巧克力製品增加更多風味與吸引力。此外，冷藏櫃內的各式切片蛋糕和點心，用料實在，吃得出主廚的巧思和用心，是一間會讓人帶著滿足心情而離去的甜點店。

1. 蛋糕櫃內擺滿誘人的甜點／2. 結合清酒的甜點，是 Chocolatei 的招牌商品

新潟仙貝王國

製作一片屬於自己的仙貝

http senbei-oukoku.jp／◎新潟縣新潟市北區新崎 2661／☎(0252)59-0161／⏰09:30～17:00／⇨JR白新線「新崎站」徒步20分鐘／⌛1小時

以稻米自豪的新潟，最知名的零食應該就是仙貝和米菓，馳名日本的龜田製菓、浪花屋製菓、三幸製菓等大公司都在新潟，近年來各家公司研發的口味也越來越創新和多元，是必買的伴手禮。

如果想自己做仙貝，新潟仙貝王國是一個很受觀光客歡迎的體驗型工廠，可以親手製作仙貝。因為外國觀光客多，體驗館裡提供中文版的簡介，說明仙貝的製作方式，不必擔心語言溝通問題。

1. 米菓製作體驗活動／2. 新潟的米菓是非常有名的伴手禮

för ägg

雞蛋場直營的甜點店

http f-agg.com／新潟縣糸魚川市平牛2116／(0255)50-6680／10:00～18:00／JR大糸線「糸魚川站」徒步30分鐘／1小時

店如其名，就是「為了雞蛋」的意思，強調使用最好的雞蛋來做甜點，可說是糸魚川一帶最知名的甜點店，連知名的觀光列車「雪月花」上，都會不定期提供本店的甜點。

för ägg 是渡邊雞園直營甜點店，蛋雞養在個室中，可以隨時掌握雞隻的健康狀態，環境整潔，避免因為過度擁擠而受傷，每天直送最新鮮的雞蛋。蛋品質極高，又稱為 pure egg，許多客人專程來店裡買雞蛋。有好蛋就有好甜點，蛋糕捲、戚風蛋糕和布丁是人氣商品。

1. 新鮮健康的雞蛋是 för ägg 的人氣商品／2.för ägg 的甜點精緻可口

甘泉堂

70年的甜點老鋪

http kansendo-uonuma.com／新潟縣魚沼市井口新田701-1／(0257)93-2777／09:30～19:00／JR上越線「小出站」徒步10分鐘／1小時

魚沼市甘泉堂是一間營業超過70年的甜點老店，非常受到當地居民的喜愛，產品多樣化，手工巧克力也非常吸引人，其中店內最具人氣的商品，是一款叫做コルネ的甜點，酥脆的外皮包裹著香濃的卡士達餡和巧克力餡，香甜不膩口，十分推薦。

1. 甘泉堂的甜點甜而不膩，每一種都好吃／2. 情人節限定巧克力

渡六菓子店

兼具外觀和美味的甜點店

http wataroku.jp／新潟縣五泉市伊勢の川962-2／(0250)42-2667／10:00～19:00；週日及國定假日09:00～18:00／JR磐越西線「北五泉站」徒步5分鐘／1小時

在磐越西線「北五泉站」徒步5分鐘的渡六菓子店，是一間在地方上小有名氣的甜點店。渡六的特色是善用季節水果，製造出兼具外觀和美味的商品，種類繁多，日式和菓子或西式糕點皆有，甜度適中，吃多也不會有負擔感，推薦各種口味的蛋糕捲。

1. 渡六菓子店的外觀／2. 店內的各式甜點

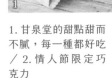

日本最有名的花火大會之一：長岡大花火大會

にいがた Niigata

新潟分區導覽

新潟縣面積約有 1/3 個台灣大。四季分明，緊臨日本海，加上群山環繞，孕育出豐富的天然資源，各個市、町、村，有的臨海、有些靠山、有的依河，還有純樸的島嶼，不論是繁華的市中心、清新的田園小鎮，還是壯麗的自然山川，處處都有迷人獨特的景色，各區的美食、物產和人文風俗也不盡相同。

接下來，請大家跟我一起探索這個魅力滿載、天天精采的新潟吧！

半日遊推薦行程

針對在新潟只做短暫停留的遊客，提供 4 種半日遊 (約 4 小時) 的行程供參考，遊客可以鎖定新潟市區，用步行搭配市區循環巴士 (詳見 P.235) 的方式探索本地，亦可租借自行車穿梭市區，或是自駕到市區周邊的景點。

自在駕車樂遊

人氣美食物產吃透透

早餐中央卸賣市場 (P.111)

▼ 15 分鐘

AEON MALL 新潟南

▼ 17 分鐘

新潟仙貝王國 (P.84)

▼ 3 分鐘

午餐高儀農場ラ・トラットリア エストルト農家餐廳 (P.117)

1. 新潟仙貝王國／ 2.AEON MALL 新潟南

隱藏版景點

旅遊 Spotlight

- 沼垂啤酒位在發酵產業盛行的沼垂地區，雖然是小規模的啤酒廠，卻很有人氣呢！
- AEON MALL 新潟南 (永旺購物中心新潟南店) 是個超大型的購物中心，把想帶回家的東西一次買齊吧！

健康鐵馬路線

滿足味蕾的美食之旅

新潟站

▼ 5 分鐘

今代司酒造 (P.65)

▼ 5 分鐘

峰村釀造 (P.103)

▼ 1 分鐘

沼垂啤酒

▼ 3 分鐘

沼垂テラス商店街與朝市 (P.103)

▼ 3 分鐘

せかい壽司 (P.60)

1. 今代司酒造／ 2. 峰村釀造／ 3. 沼垂啤酒／ 4. 沼垂テラス商店街

逍遙徒步探索
從元氣早餐開始的市區之旅

早餐巴士中心咖哩飯 (P.96)

▼ 5 分鐘

萬代城逛街採購 (P.96)

▼ 3 分鐘

Media Ship 20 樓展望台賞景 (P.96)

▼ 8 分鐘

萬代碼頭午餐 (P.108)

1.Media Ship 展望台夜景／ 2. 萬代碼頭海鮮午餐

隱藏版景點

旅遊 Spotlight

- 新潟大神宮建於明治 9 年 (1876 年)，隱身在巷弄之間，綠意圍繞，占地意外地大。
- 巴士中心 2 樓的 MATERIAL CAFÉ 可以吃到超美味的厚鬆餅喔！
- Media Ship(新潟日報大樓)2 樓的四川飯店是有名的中華料理餐廳，招牌菜係傳承自料理鐵人陳建一的麻婆豆腐。19 樓有非常受歡迎的燒肉店敘敘苑，以及新潟知名的法式鐵板燒靜香庵。

1.MATERIAL CAFÉ 的鬆餅／ 2. 四川飯店麻婆飯

逍遙徒步探索
向歷史致敬的文化巡禮

新潟車站前搭乘觀光循環巴士

▼ 13 分鐘

新津紀念館 (P.107)

▼ 15 分鐘

カトリック新潟教會 (P.107)

▼ 5 分鐘

どっぺり坂 (P.106)

▼ 2 分鐘

砂丘館 (P.106)

▼ 5 分鐘

新潟大神宮

▼ 3 分鐘

舊齋藤家別邸 (P.104)

▼ 1 分鐘

白壁通與地獄極樂小路 (P.105)

▼ 1 分鐘

北方文化博物館新潟分館

▼ 1 分鐘

搭乘觀光循環巴士回新潟車站

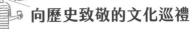

一日遊推薦行程

計畫在新潟縣停留幾天的旅客，可以參考以下的一日遊(大約 8 小時)行程。由於新潟縣幅員廣大，因此一日遊行程包括上越、中越、下越三個地區，共有 6 個推薦行程。除了市區可搭乘大眾運輸，縣內其他市町村的景點，多以自駕較為方便。

自在駕車樂遊

阿賀町、阿賀野、新發田三市共遊

道の駅阿賀の里 (P.200)

▼ 9 分鐘

將軍杉 (P.186)

▼ 19 分鐘

安田優格 (P.192)

▼ 4 分鐘

安田瓦片道路 (P.192)

▼ 10 分鐘

午餐 (五頭溫泉郷村杉溫泉うららの森)

▼ 4 分鐘

五頭溫泉郷山湯溫泉 (P.193)

▼ 12 分鐘

月岡溫泉溫泉街散步 (P.188)

▼ 20 分鐘

新發田城 (P.187)

▼ 8 分鐘

清水園 (P.189)

1. 安田瓦片道路／ 2. 月岡溫泉

便利大眾運輸

村上鮭魚之鄉、瀨波溫泉之旅

村上站

▼步行 16 分鐘

鮭魚博物館 (イヨボヤ会館)(P.215)

▼ 步行 16 分鐘

町屋散步 (町屋、安善小路黑壁街道)(P.207)

▼ 步行 5 分鐘

千年鮭井筒屋 (P.204) 享用午餐 (鮭魚料理)

▼ 步行 20 分鐘

村上站

▼ 公車 11 分鐘

瀨波溫泉日歸泡湯 (P.208)

▼ 步行 15 分鐘

岩船港鮮魚中心 (P.209)

▼ 公車 15 分鐘

村上站

1. 千年鮭井筒屋／ 2. 岩船港鮮魚中心的海鮮定食

自在駕車樂遊

彌彥神社、寺泊、出雲崎豐富之旅

上堰潟公園 (P.20)

▼ 14 分鐘

寶山酒造 (P.62)

▼ 6 分鐘

彌彥神社及彌彥山頂 (P.150)

▼ 3 分鐘 (從彌彥神社)

午餐 (吉田屋わっぱ飯)

▼ 10 分鐘

道の駅国上 (P.138)

▼ 5 分鐘

國上寺 (P.138)

▼ 15 分鐘

西生寺 (P.149)

▼ 11 分鐘

寺泊魚市場 (P.148)

▼ 18 分鐘

出雲崎看夕陽 (P.132)

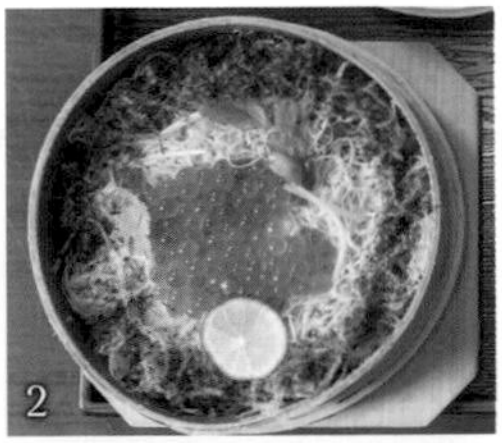

1. 彌彥神社／ 2. わっぱ飯是新潟的知名鄉土料理，在吉田屋也吃得到／ 3. 國上寺／ 4. 西生寺

隱藏版

景點

旅遊 Spotlight

■ 村杉溫泉うららの森可以買到阿賀野市的土產和伴手禮，附設的餐廳整潔明亮，招牌是白鳥美人湯麵，使用米粉做成的麵，口感十分清爽，伴手禮則是推薦阿賀野市出產的醬油。

1. 村杉溫泉うららの森直賣所／ 2. 白鳥美人湯麵

自在駕車樂遊

見附、長岡、柏崎美景漫遊

見附英國庭園 (P.127)

▼ 24 分鐘

攝田屋 (P.122)

▼ 10 分鐘

午餐 (A alla Z)(P.124)

▼ 19 分鐘

國營越後丘陵公園 (P.121)

▼ 40 分鐘

青海川車站 (P.129)

▼ 3 分鐘

柏崎市日本海 Fisherman's Cape 與戀人岬看夕陽 (P.128)

見附英國庭園

自在駕車樂遊 到上越市、妙高市暢遊知名景點

道の駅新井

▼ 14 分鐘

高田城址公園 (P.171)

▼ 4 分鐘

高田雁木通 (P.172)

▼ 2 分鐘

高田世界館 (P.173)

▼ 3 分鐘

午餐 (鶴越烏龍麵)

▼ 8 分鐘

金谷山公園

▼ 15 分鐘

春日山城跡／春日山神社 (P.172)

▼ 6 分鐘

林泉寺

▼ 6 分鐘

本願寺國府別院

▼ 5 分鐘

五智國分寺

▼ 6 分鐘

上越水族博物館 (P.173)

上越水族博物館

自在駕車樂遊 魚沼、越後湯澤古寺與溫泉之行

永林寺 (P.159)

▼ 17 分鐘

西福寺 (P.159)

▼ 18 分鐘

魚沼之里 (P.160)

▼園區內用餐

午餐 (八海山大家的社員食堂或長森蕎麥屋)

▼ 21 分鐘

三國街道鹽澤宿牧之通 (P.158)

▼ 9 分鐘

雲洞庵 (P.157)

▼ 24 分鐘

越後湯澤車站 (P.155)

▼ 1 分鐘

雪國館 (P.154)

▼ 3 分鐘

駒子之湯

1. 推薦必訪的雲洞庵／ 2. 午餐長森蕎麥屋／ 3. 越後湯澤車站賣場／ 4. 駒子之湯

■ 駒子之湯以川端康成的小說《雪國》中的人物駒子命名，是越後湯澤車站附近有名的日歸溫泉，一天的疲勞就用駒子之湯來療癒吧！

■ 新井國道休息站面積廣，是 2017 年縣內到訪人數最多的休息站。

■ 林泉寺是 500 年以上歷史的古剎，戰國時代有名的武將上杉謙信 7 歲起就在這裡讀書學習。

■ 本願寺國府別院建於寬政 10 年（西元 1798 年），全部以欅木建造，祖師是親鸞聖人，是佛教聖地。

■ 五智國分寺是天平年間（西元 729 ～ 749 年），聖武天皇下令各地建造國分寺的其中一個，境內的二重塔十分優雅美麗。

■ 鶴越烏龍麵於 2008 年開始營業，強調使用國產小麥與佐渡島的海洋深層水，每天早上製作出 Q 彈有勁的讚岐烏龍麵。這間店也是評價日本各地美食的 tabelog 網站上，新潟縣內評分最高的烏龍麵店。

■ 猿倉山啤酒釀造所就位在魚沼之里的高台處，常常會被造訪魚沼之里的遊客錯過。因為地勢較高，可以俯瞰南魚沼大地。這裡除了可以品嘗各種口味的啤酒、輕食，還有商店和麵包店，食物非常美味，例如有一款少見的山豬肉漢堡，味道獨特，令人驚豔。不要忘了一起造訪喔！

猿倉山ビール醸造所
SARUKURAYAMA BREWERY

新潟市

在信濃川出海口的新潟市是縣內最熱鬧繁榮的地方，新潟自古以來就是個重要的港口，也是日本海側最大的城市，因為很早就設有通商口岸，所以在新潟市區還能從一些建築或飲食習慣看到早期西洋文化傳進來的痕跡。

新潟市可分為8個區，包括北區、東區、中央區、江南區、秋葉區、南區、西區、西蒲區，其中市中心所在的中央區是最熱鬧的地方，也是行政、金融商辦和高樓集中的區域。中央區以外以住宅區較多，更郊區的地方（例如西蒲區）則多是稻田、山地，甚至潟湖，雖然不如中央區繁華，但豐富的自然景觀也處處令人著迷。

分區地圖

1. 新潟市區夜景／2. 秋葉區中野邸紀念館

新潟車站及周邊

年輕人最喜歡的鬧區

1. 館內販售各種新潟土產與伴手禮／2. ぽんしゅ館利き酒ミュージアム裡面讓人試飲各種新潟地酒
3. 用新潟最高級的越光米現做的飯團／4. 這裡可以買到新潟最高品質的越光米，也有現場碾米的服務

新潟駅

逛一圈就可以了解新潟的魅力

如果沒有太多的旅行時間可以到處走走，又想快速了解新潟的樣貌，新潟車站或許是個不錯的選擇。

從新幹線西口出來會看到「CoCoLo西N+」，這是新改裝的購物場所，主要分為三區，一是ぽんしゅ館コンプレックス，販賣各種新潟產的食物，包括米、米菓、糖果、餅乾等，以及日本酒、啤酒、綠茶、紅茶、可樂等。還有一個飯團櫃台，用高級越光米現做，隨時吃得到熱呼呼的各種口味飯團。

在ぽんしゅ館コンプレックス對面，是展示與販賣新潟的工藝品的ぽんしゅ館クラフトマンシップ，包括燕三条的金屬製品以及新潟各大知名廠商製作的玻璃、陶瓷、食器和染織品等，如果沒時間到燕三条採購金屬製品，這裡可以就近買到燕三条的高品質鍋具、菜刀及各種廚房用品。

第三區是ぽんしゅ館利き酒ミュージアム，在越後湯澤車站裡也有分店，主要是販售酒、和洋菓子、海產加工品、醬油調味料等。只要來一趟新潟車站，就能把當地特產一網打盡。

1. 萬代城裡面匯集了許多最新流行的元素，深受年輕人的喜愛／2. 巴士咖哩是許多新潟人從小的回憶
3. 越品是在伊勢丹百貨內販賣新潟製品的專區／4. 新潟日報大樓

万代シティ

年輕人最愛的流行風潮熱點

萬代城

http bandaicity.com／新潟市中央區萬代1-6-1(万代シティ商店街振興組合)／(0252)46-6424(万代シティ商店街振興組合)／JR「新潟站」徒步10分鐘／2小時

從新潟車站徒步10分鐘就到，集結了新潟日報大樓和數棟商場，有百貨公司、商家、影城、旅館、餐廳等，非常好逛。

在Loft有最新流行的文具和隨身小物；上島咖啡用的是燕三条製的金屬食器；玩具店Village Vanguard裡有許多搞笑的整人玩具；萬代城裡還有非常美味的鬆餅店，都等著遊客來發掘。

這區一定要來朝聖的還有Media Ship(新潟日報大樓)，20樓是展望台，跟縣內最高建築Toki Messe的展望台相比，雖然知名度較低，這裡反而可以欣賞到新潟港、萬代島，以及Toki Messe在不同時刻的面貌，晚上從各個方向俯瞰新潟都能看到迷人的夜景。樓上還有敘敘苑燒肉、法式鐵板燒靜香庵等知名的高級餐廳。

万代そば/巴士中心咖哩飯

巴士中心裡万代蕎麥(万代そば)8點開始營業，其咖哩飯是本地人從小吃到大的美食，可以當作早餐。鮮黃咖哩醬淋在飯上香味撲鼻，用餐時段人潮不斷。

越品

越品(NIIGATA)在伊勢丹百貨1樓的專區，主要販賣新潟各市、町、村最具代表性的商品，品質精良，非常推薦前往參觀選購。

1.Toki Messe 展望台上的風光／ 2. 新潟的最高樓 Toki Messe
3. 在高樓層的日航新潟飯店用餐可眺望新潟風景

朱鷺メッセ｜Toki Messe

從新潟第一高樓眺望市區美景

tokimesse.com／ 新潟市中央區萬代島 6-1／ (0252)46-8400／ 31 樓展望室 08:00 ～ 22:00；最後入場時間 21:30／ JR「新潟站」徒步 25 分鐘／ 1 小時

這是新潟市最高的大樓，也是本市的地標之一，31 層樓高的 Toki Messe 其實是兩棟建築物的合稱，一棟是專門舉辦大型展覽、集會的 4 層樓高的新潟會議中心（新潟 Convention Center），共有 13 個大小會議室提供租借，經常有各種國際會議、學會或歌手演唱會在此召開，每年新潟縣內最大的日本酒活動「酒之陣」就在這裡舉辦。2023 年在日本舉辦的 G7 峰會，各國財政部長與央行總裁，均群聚於此開會。

另一棟是 31 層樓高的萬代島大樓（萬代島 Building），日航新潟飯店（22～30 樓）、萬代島美術館（5 樓），以及展望室（31 樓）都在這棟。

Toki Messe 位在信濃川的河口。2 樓的長廊是整片的落地玻璃窗；31 樓的展望室名叫 Befco ベフコばかうけ展望室，Befco 是新潟有名的栗山米菓的商標名稱，因為取得展望室的命名權而以它為名。從 31 樓（高度 125 公尺）居高臨下，可以 360 度看到整個市區，以及市內最具代表性的橋梁萬代橋，天氣好的時候甚至可以眺望佐渡島。

日航新潟飯店

Toki Messe 裡的日航飯店，高樓層可欣賞到新潟市夜景，樓下又與佐渡汽船大樓相連，徒步 7 分鐘就可以搭船到佐渡島，是一間非常有人氣的高級觀光飯店。

古町、本町

懷舊風與文青風共存共榮

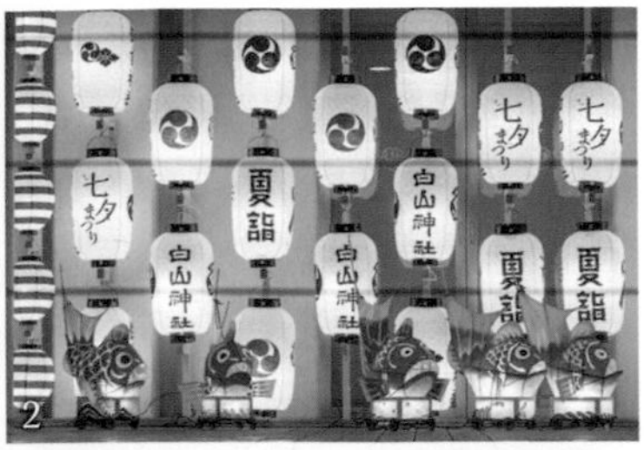

1. 新潟市內最大的神社白山神社／ 2. 七夕祭的燈飾／ 3.Hello Kitty 繪馬
4. 古町糀製造所的糀系列飲品很受到女性的歡迎

白山神社

到市內最大的神社滋養能量

http niigatahakusanjinja.or.jp／新潟市中央區一番堀通町 1-1／(0252)28-2963／JR「新潟站」搭計程車 10 分鐘，或公車（萬代橋 BRT 線往青山方面在「市役所前」下車）15 分鐘／1 小時

位於新潟市中心，是市內最大的神社，自古以來就被視為新潟總鎮守，社殿已有 400 多年的歷史。供奉的主神「菊理媛大神」是結緣之神，這裡販賣許多結緣的御守，甚至有 Hello Kitty 和拉拉熊造型的御守和繪馬，都非常吸引人。

白山神社在每年的過年參拜（初詣）期間平均會湧入 18 萬人，是本市最大的初詣地點。新年期間造訪新潟時，不妨來此參拜，祈求一年的好運。

神社旁有兩條平行的本町通和古町通，是散步的好去處。新潟市出身的漫畫家水島新司老師的作品人物也出現在此。在上古町商店街一帶，除了一些歷史文化的建築，也有不少有趣的店家，例如醫學書老店「考古堂」、巧克力專賣店「久遠」、還有人氣很高的「古町糀製造所」，使用日本的傳統食品「糀」調製成各種口味的飲料，有益健康。

白山公園

春櫻、夏荷賞景的好去處

在明治6年（1873年）開設的白山公園，緊鄰著白山神社，是日本最早成立的公園之一，內有池塘、花木和回遊式庭園，春天的櫻花和夏天的荷花都非常有名，櫻花盛開時會有夜間點燈。

信濃川やすらぎ堤

信濃川沿岸的美麗堤防步道

全名是「信濃川やすらぎ堤緑地」，從堤防走路約5分鐘內就到白山公園，每天都有許多市民在這裡慢跑。沿岸共有將近千棵櫻花樹和整排的鬱金香，春天時，櫻花和鬱金香同時綻放，是新潟市民最喜歡的賞櫻景點之一。やすらぎ堤與白山公園之間有空中迴廊步道相連。

信濃川やすらぎ堤可以同時欣賞櫻花和鬱金香

公園裡的夜櫻倒影，吸引許多遊客駐足

燕喜館藝妓

再現日本三大藝妓地區之一的風華

http niigata-bs.sakura.ne.jp/si/enkikan／新潟市中央區一番堀通町1-2（白山公園內）／(0252)24-6081／09:00～17:00（一般參觀）／JR「新潟站」搭計程車15分鐘，或觀光循環巴士「白山公園前」下／1小時

白山公園旁的燕喜館大約建於明治40年（1907年），是明治時代（1868～1912年）的名門望族齋藤家的一部分。這間充滿著明治風情的傳統建築物，從開館以來就常常作為推廣花道和茶道的處所，還可以欣賞到藝妓的舞蹈及表演。在平成12年（2000年）4月，燕喜館被登錄為國家文化財。

新潟很早就是一個商業繁盛的城市。在昭和時代初期，新潟美人的代表就是藝妓，加上新潟因為產米以及船運發達等的關係，藝妓獲得許多商人及文人墨客的支持，全盛時期有超過300位藝妓執業，曾是日本三大藝妓地區之一，現因時代的變遷，目前新潟僅剩下12位藝妓。

1. 充滿明治時代風情的燕喜館／2. 藝妓的舞蹈表演／3. 藝妓還會帶領客人玩猜拳遊戲

萬代橋

新潟最美的一座橋

萬代橋是橫跨信濃川的新潟地標之一，從新潟車站徒步15分鐘可達。建於昭和4年(1929年)，御影石和連續6個的半圓型拱門設計讓它成為新潟市最美的一座橋，夜晚華燈初上時更顯得風情萬種。

白天與黑夜都風情萬種的新潟地標萬代橋

新潟市歷史博物館

探索水之都新潟的歷史與文化

nchm.jp／新潟市中央區柳島町2-10／(0252)25-6111／4～9月09:30～18:00，10～3月09:30～17:00／成人300日圓；大學、高校生200日圓；中小學生100日圓／JR「新潟站」搭計程車10分鐘或觀光循環巴士40分鐘

緊鄰著信濃川和新潟西港的新潟市歷史博物館，又叫做みなとぴあ。新潟市歷史博物館本體是一棟非常漂亮的三層樓建築，外型是仿初代市政府(現已不存在)的樣式，收藏了珍貴的歷史資料，還有簡單易懂的影像或模型，介紹當地的歷史與文化。

旧新潟税関庁舎

彷彿走入時光隧道的廳舍

nchm.jp／新潟市新潟市中央區綠町3437-8／(0252)25-6111／4～9月09:30～18:00，10～3月09:30～17:00／免費／JR「新潟站」搭計程車10分鐘或觀光循環巴士40分鐘

新潟市歷史博物館旁邊有棟非常漂亮的建築就是舊新潟稅關廳舍。安政5年(1858年)日本從鎖國政策轉向開放，與美、荷、俄、英、法等國商定開放5個港口，新潟作為5港之一，於1868年11月19日開港，隔年由新潟工匠蓋了這座稅關廳舍及倉庫。

稅關廳舍不但從未遭遇火災，還一直使用到1966年，是5港中唯一保存下來的廳舍，成為日本重要文化財，其特色為「擬洋風建築」，也就是乍看有點西洋味，但建築工法及細節都是和式的喔！

外觀非常漂亮的新潟市歷史博物館

具有珍貴歷史價值的舊新潟稅關廳舍

旧第四銀行住吉町支店

類日劇《半澤直樹》場景的fu

nchm.jp／新潟縣新潟市中央区柳島町2-10／09:30～21:00／免費／JR「新潟站」搭計程車10分鐘或觀光循環巴士40分鐘

新潟市歷史博物館的對面還有一棟值得注意的建築物，那就是「舊第四銀行住吉町支店」。第四銀行是新潟最大的銀行（現已併購北越銀行，改稱第四北越銀行），當年的住吉町支店現在已經轉移營業位址。

而這棟舊建築的2樓還保留當年銀行內部的陳設，開放參觀，從會議室、接待貴賓的房間、主管的辦公室到天花板的華麗吊燈等，都能讓人感受到第四銀行雄厚的資金實力，也頗有日劇《半澤直樹》場景的感覺。

1. 舊第四銀行住吉町支店／2. 2樓仍保留了當年銀行的擺設供人參觀

五德屋十兵衛

花魁變裝大體驗

studio-clan.com／新潟市中央區本町通12番町2762／(0252)01-6896／與店家協調／JR「新潟站」搭計程車10分鐘／2.5小時

新潟市中心的「五德屋十兵衛」是一間複合式的咖啡店，1樓是咖啡廳，2樓是化妝室及攝影棚「studio Clan」，可以體驗花魁變裝。這是一間對LGBT彩虹族群性別友善的店，在這裡，不管是同性戀、異性戀、雙性戀或是跨性別的朋友，都可以自由自在地做自己。不只是花魁變裝，其實這裡可以選擇各種變裝，只是對觀光客而言，花魁變裝應該是最有吸引力的項目了。想要嘗試花魁或浪人變裝的遊客，請務必前來。

1. 五德屋十兵衛的花魁變裝／2. 遊客也可以嘗試浪人變裝，變裝完後到附近街道拍照

大倉飯店

享受老牌飯店的傳統服務精神

http okura-niigata.co.jp／新潟市中央區川端町 6-53／(0252)24-6111／JR「新潟站」徒步15分鐘

這是眾所皆知的老牌飯店，歷史悠久，累積不少老客戶的信賴。飯店就在萬代橋旁，如果打算在新潟逛街購物的話，可以選擇在此住宿，因為過了萬代橋就是「萬代城」，是本市最方便的購物區。萬代橋的反方向是古町一帶的商店街。此外，夜晚從飯店俯瞰萬代橋的景觀亦堪稱一絕。

歷史悠久的大倉飯店

鳥専門店せきとり

開吃日本第一美味的炸雞

http sekitori-shop.com／新潟市中央區窪田町 3-199(本店)／(0252)23-5934／16:30 起營業／JR「新潟站」搭公車(C60 八千代橋線壽小路下)30分鐘

曾有電視節目討論到全日本最好吃的炸雞和最難喝的東西，這兩項南轅北轍的食物竟然都出現在新潟！最難喝的東西在本書後面的章節會提到；而最好吃的炸雞就是在新潟的鳥専門店せきとり。日本有個炸雞協會每年都會舉辦炸雞大賽，鳥専門店せきとり在炸半雞類別中曾經連續11年得到「金賞」、3次「最高金賞」。帶著咖哩風味的半身炸雞，外表只裹上一層薄薄的炸粉，店主用累積多年的功力將半雞炸得外酥脆內多汁，風靡全縣。

1. せきとり的炸半雞被譽為日本最好吃的炸雞／2. 皮脆多汁的炸半雞風味獨特

とんかつ太郎

深受本地人歡迎的傳統味道

炸豬排太郎

http tonkatsutaro.com／新潟市中央區古町 6番町 973 番地／11:30～14:30；17:00～20:30／JR「新潟站」搭計程車7分鐘，或搭公車(本町下)12分鐘

本縣最有名的B級美食之一醬汁豬排(タレカツ丼)，發源店就是這間「太郎」。將炸得酥脆的豬排淋上香甜爽口的醬汁，是當地人最愛的豬排口味。

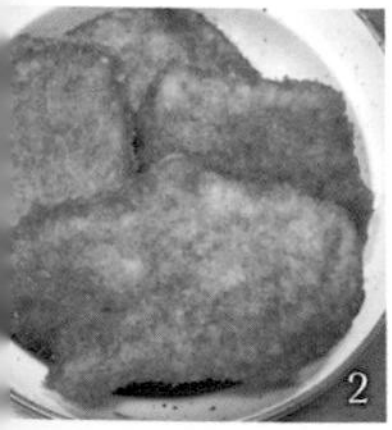

1. 醬汁豬排的發源店とんかつ太郎／2. とんかつ太郎的醬汁豬排飯

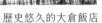

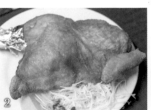

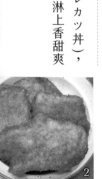

沼垂地區

傳統釀造文化與創新小店匯集之處

沼垂商店街與朝市

百年歷史的知名市集

http nuttari.jp／新潟市中央區沼垂東3-5／每月一次的朝市08:00～12:00／JR「新潟站」搭公車（沼垂四ツ角下）徒步2分鐘／1.5小時

以前這裡叫做沼垂市場，附近有工業區，曾經繁榮一時，但因為上一代經營者高齡化，店鋪陸續關門，只剩幾間小店硬撐。直到2010年Ruruck Kitchen在此開店，接著家具及咖啡店ISANA開幕，青人窯也在隔年開張，沼垂的轉變慢慢受到注目。到了2015年左右，幾乎所有店家都重新開張，幾間文青風格小店的出現，重新燃起年輕人的興趣，現在是個再生的テラス商店街。

每月的朝市這天，商店街因交通管制變成了步行者天堂。這裡的建築為長屋式構造，戶戶相連，門口都面向道路，在日本是集合住宅的一種。外觀是饒富風味的傳統長屋建築，內部卻都是重新改裝的個性小店，這就是沼垂商店街的特色。

1

2

3

1. 老舊的建築物中隱藏許多文青風的個性小店／2. 吸引許多人前來挖寶的二手書店
3. 沼垂商店街最知名的甜點貓燒

峰村釀造

來到沼垂一定要體驗的釀造文化

http minemurashouten.com／新潟市中央區明石2-3-44／(0252)50-5280／平日10:00～17:00／JR「新潟站」徒步12分鐘／0.5小時

創立於明治38年（1905年），當時因為栗ノ木川流經沼垂，運送原料方便，河的兩岸興起了味噌、釀酒和醬油等發酵產業，全盛時期有40幾間釀造廠。峰村釀造一直以製作味噌為主，工廠旁的商店除了販售味噌，還有非常特別的味噌冰淇淋。

1

2

3

1. 峰村釀造是沼垂地區知名的味噌釀造廠／2. 味噌冰淇淋是人氣商品／3. 味噌口味的銅鑼燒

西海岸
饒富風情的建築與街道

1. 舊齋藤家別邸的的正面外觀／ 2. 別邸在楓葉季的夜間會特別開放
3. 也可以在 1 樓的大廳內欣賞夜楓

旧齋藤家別邸

市民欣賞夜楓的熱門古宅

saitouke.jp／新潟市中央區西大畑町 576／(0252)10-8350／4～9月 09:30～18:00；10～3月 09:30～17:00／大人 300 日圓；中小學生 100 日圓／JR「新潟站」觀光循環巴士（北方文化博物館新潟分館前下）27 分鐘／0.5 小時

舊齋藤家別邸是富豪齋藤家的第四代齋藤喜十郎於大正 7 年（1918 年）所建造的別墅，是大正時代商業之都新潟的繁榮象徵之一。到了 2005 年因為所有權轉移以及是否將建築物解體等事件，成為當時的一大話題，最後靠著市民的連署以及捐款、請願等方式，在 2009 年正式成為新潟市公有。

別墅的建築概念是庭園與房屋合為一體，從室內可充分享受庭院的景觀，庭園面積超過 1,360 坪，主庭、玄關庭、中庭之間都妥善規畫好動線，從各個房間都可以看到庭園的不同樣貌。主庭利用地形的高低差做出小瀑布，擺放一些奇岩怪石，並種植許多的楓葉和松樹。

秋天的紅葉季節會有夜間點燈，可以在 1 樓大廳欣賞夜楓，浪漫與迷幻的交錯氛圍，令人感到很不真實。這裡也會不定期舉辦藝妓的舞蹈表演和合影活動，是個能充分感受到新潟傳統歷史和文化的地方。

白壁通り與地獄極樂小路

充滿情調與寓意的小路

新潟市舊齋藤家別邸前方的小路稱為「白壁通」，整條路與兩側建築的牆壁都是白色，是一條充滿傳統情調的石疊小路。這條路上還有一間百年高級日本料理餐廳「行形亭」，在此用餐可以自費請店家安排舞妓表演。

行形亭的旁邊是地獄極樂小路。在古代，路的右側是新潟刑務所，代表著地獄；左側是高檔餐廳行形亭，象徵著極樂，「高級餐廳」和「監獄」就像天堂與地獄，這條路因而得名。如今刑務所不復存在，取而代之的是年金事務所，某種程度上也是有點像是地獄了。

1. 白天與夜晚都充滿情調的白壁通／2. 這條小徑就是讓人印象深刻的地獄極樂小路／3. 地獄極樂小路的一側是行形亭

新潟市水族館

新潟市水族館 マリンピア日本海

日本海側規模最大的水族館

http marinepia.or.jp／📍新潟市中央區西船見町 5932-445／☎ (0252)22-7500／🕒 09:00～17:00／$ 高中以上 1,500 日圓；中小學生 600 日圓；幼兒 200 日圓；3 歲以下免費／⇨ JR「新潟站」搭觀光循環巴士（水族館前下）21 分鐘／⌛ 2 小時

這裡總共飼養 500 多個物種、2 萬多隻海洋生物，包括瀕危的物種。館內每天都安排了海豚表演、動物解說和餵食秀，還有各種體驗活動和學習教室，每個月的主題都不同，例如觀察企鵝的羽毛和蛋、標本製作，甚至是解剖活動。

1. 新潟市水族館的售票處／2. 海豚表演是人氣活動／3. 參觀者可以近距離觀賞體驗

砂丘館

戰前日本銀行主管氣派風雅的官邸

http sakyukan.jp／📍新潟市中央區西大畑 5218-1／☎(0252)22-2676／🕒週二～日 09:00～21:00／➡JR「新潟站」搭觀光循環巴士（西大畑坂上下）25分鐘／⏳0.5 小時

砂丘館是日本銀行新潟支店長之住宅的俗稱，目前建築物為新潟市所有，建於 1933 年，設計師是日本銀行的技師平松淺一，施工由新潟的武田組負責，庭園則為新潟的長生園所建造。戰前日本銀行的所有住宅能完整保存至今的只剩下新潟和福島兩處，更顯珍貴。

どっぺり坂

在砂丘館的下方有個どっぺり坂石碑，是從德文 verdoppel 來的，意思是 Double。以前新潟的高中生會說「經常上上下下這個どっぺり坂跑去城裡玩的話，就會 Double 喔」，也就是課業會「重修」的意思。附近還有其他木造洋式建築，這一區頗具西方異國風情。

1. 砂丘館曾是日本銀行高級主管的住宅／2. 這一帶的景點都有清楚的路標，不用擔心會迷路／3. どっぺり坂連結了高台地形的上下方

新津紀念館

帶著昭和浪漫的洋式建築

http marushin-group.co.jp/kirenkan／新潟市中央區旭町通1番町754番地34／(0252)28-5050／10:00～16:00／高中以上800日圓；中小學生400日圓／JR「新潟站」搭觀光循環巴士（新津紀念館前下）13分鐘／0.5小時

新潟縣出雲崎町出身的石油王新津恒吉，為了招待海外人士，於昭和13年(1938年)建造了一棟迎賓建築就是新津紀念館。

1樓是「英國之間」，2樓為「法國之間」與「日本之間」，3樓則為未開放參觀的「德國之間」，每個房間都根據命名而表現出不同的風情。每層樓的整體風格與擺設裝潢不盡相同，有如一個珍貴的珠寶盒，將日本建築技術的調和與穩重之風格表露無遺，在1998年成為新潟縣內第一個建築有形文化財，足以顯現其重要性。

庭園對外開放參觀，可以在裡面散步。本館就位於新潟市旭町的高台上，這麼多年來，彷彿一面俯瞰著新潟的城市發展，一面幽幽敘說著昭和時代的故事。

1. 新津紀念館是縣內第一個建築有形文化財／2. 新津紀念館外觀氣派、環境幽靜

カトリック新潟教会

天主教新潟教會

充滿異國風情的可愛木造教堂

http cathedral-niigata.jp／新潟市中央區東大畑通一番町656／(0252)22-5024／09:00～18:00／JR「新潟站」搭公車（西大畑下）13分鐘／0.5小時

由瑞士的建築師設計，在昭和2年(1927年)建造完成的雙塔型木造建築，裡面有非常漂亮的彩繪玻璃，早上9點～下午6點可以入內參觀，但須脫帽、脫鞋，並遵守教會相關規定。

教會所在的這一帶又被稱為「異人池」，因為這裡本來有一個叫做異人池的水池，是當年神父在挖井的時候，因為噴出的水量太多，竟然形成了一個大水池。後來水池被填平，教會也經過多次的整修，但異人池這個地名仍保留到現在。

外觀很像從童話故事中走出來的天主教新潟教會

駐足新潟

新潟所有好吃物產的集中地

萬代碼頭

萬代碼頭 (Pia Bandai) 是一個坐落在萬代島上的購物設施，因為生活所需的食材應有盡有，又被稱為新潟「市民的廚房」，附近有萬代橋、Toki Messe 等知名地標，推薦到新潟市一定要來逛逛。

這裡的交通便利，從新潟車站徒步大約 20 分鐘即可抵達，全區可分為「魚」、「肉」、「菜」、「酒」等不同主題的建築物，也有農產品、畜產品、海產品的調理和加工製品。新潟出產的食材和零食、點心、米菓等，在這裡應有盡有。

http bandai-nigiwai.jp ／ 新潟市中央區萬代島 2 ／ (0252)49-2560 ／ 09:00 ～ 19:00 ／ JR「新潟站」徒步 20 分鐘／ 1.5 小時

以商品主題命名的樓群

「魚」棟

這裡是新潟市內最大的鮮魚專賣場地，不論是新潟的魚王紅喉 (のどぐろ) 或是名物南蠻蝦，新鮮味美，價錢都非常合理。

1. 每棟建築物的上方都標示商品主題／ 2.「魚」棟中販賣新鮮又價格公道的海鮮／ 3. 新潟漁會 1 樓的地魚工房，每日提供限量的南蠻蝦丼

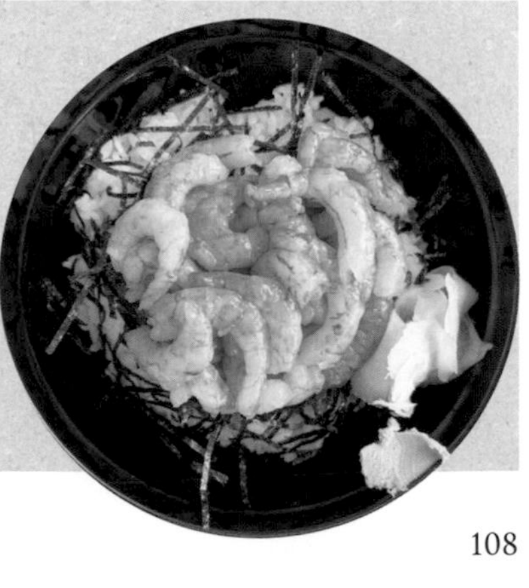

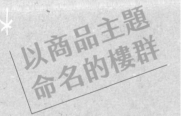

「肉」棟

在這棟標示為肉類的建築體內，舉凡村上牛、越乃黃金豚、雪室熟成豚等新潟的知名品牌牛肉、豬肉，一應俱全。

「菜」棟

對觀光客而言，魚、肉等生鮮食材比較難採購或是料理，所以推薦去「菜」棟走一圈。在這一整棟野菜市集裡，有每天農場直送的新潟地產蔬果，一進門就可以看到當季盛產的水果，擺在最顯眼的位置，任君挑選。夏天有櫻桃、西瓜、葡萄，秋天有梨子，冬天有草莓，好吃又便宜，記得一定要買來品嘗一下。

有些遊客每到一個城市就會想試試當地生產的牛奶，在「菜」棟也都找得到，本地最有名的塚田牛乳、阿賀野市神田酪農產的愛情牛乳，以及加勢牧場的頂級牛乳，這裡統統都有！

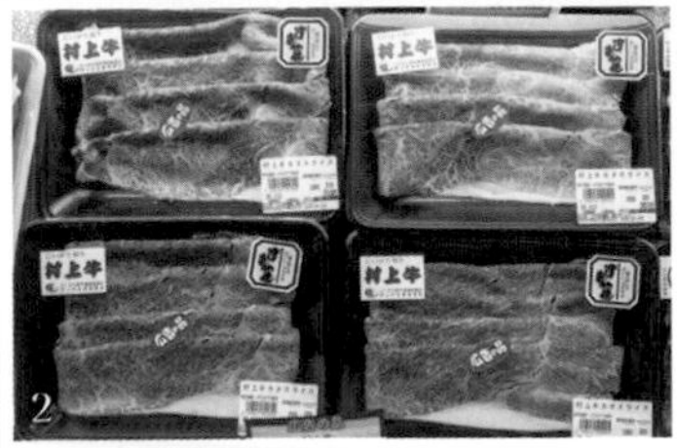

2

3

4

1. 每棟建築物的上方都標示商品主題／ 2.「肉」棟中有各種新潟飼育的名牌肉類／ 3. 在「菜」棟角落的農家廚房，提供現做的便當和小菜／ 4.「菜」棟裡販賣各種當地蔬果

新潟漁會與拍賣市場

2

新潟漁會與拍賣市場就在萬代碼頭旁邊的一棟建築物內，這裡緊臨新潟港，1 樓是漁貨交易中心，每天凌晨 02:30 左右，近海的拖網漁船會陸續回港，把漁貨送上岸，凌晨 03:00 開始在市場陳列各式漁貨，04:00 起進行交易。1 樓還有新潟漁會直賣所和漁會直營餐廳「地魚工房」，2 樓的餐廳則類似漁會的員工食堂，新鮮度自然不用說，價位也十分合理，還可以居高俯瞰拍賣場，想像凌晨時分人聲鼎沸的光景。

1. 萬代碼頭旁邊就是新潟漁會和漁會的直賣所／ 2. 從漁會 2 樓可以看到 1 樓漁貨拍賣市場

山幸海幸 一次購足

1

本地生產的蜂蜜也很值得推薦，尤其是市面上非常少見的藍莓蜜、櫻花蜜、藤花蜜等，這些都是在特定季節才會有的限定商品，萬代碼頭都買得到。蜂蜜中帶著清爽的花香，非常特別。

這裡當然也少不了越光米，來自新潟各個產區的越光米，從一般的產地到南魚沼產的頂級越光米都有，方便不同預算族群的消費者選購。現場還有精米機，買糙米也可以當場碾米。

除此之外，萬代碼頭還設有咖啡屋、酒鋪、花店、海鮮店，以及全日本網路評價第一名的迴轉壽司店「弁慶」。夏天的時候，可以向肉店、菜店、海鮮店買好食材，在廣場的棚架下，自行來一場 BBQ，搭配一杯又一杯生啤酒，是都市人放鬆歡樂的時光。

想暢快體驗新潟的各種山幸、海幸，走一趟萬代碼頭，絕對可以滿足所有的願望！

1. 遠遠走過就可以聞到咖啡屋傳出來的陣陣香氣／2. 海鮮餐廳港食堂，週末假日推出特選海鮮丼，也有炸魚、炸蝦等定食／3. 各種新潟蔬果、果汁、蜂蜜等加工製品／4. 有別於弁慶迴轉壽司，立食弁慶提供站著吃壽司和喝小酒的地方

2

3

4

市郊

近程體驗更多的新潟美景

新潟市面積 726.45 平方公里，除了熱鬧的中央區，周邊的市郊也有許多景點。大眾運輸較不發達，多數景點要以租車自駕或包租計程車比較方便，否則就要盡量安排電車可以駛達的地方。

1. 中央卸賣市場的貨物交易區／2. 市場內有許多間飲食店，都從清晨開始營業
3. 大清早就來一碗滿滿海鮮，補充能量／4. 在誠食堂可以吃到如醬汁豬排飯、炸鰤魚飯等當地 B 級美食

中央卸売市場

一大早就來吃滿滿的海鮮吧！

http city.niigata.lg.jp/business/ichiba/index.html ／ 新潟市江南區茗荷谷 711 ／ (0252)57-6767 ／ 自駕／ 1小時

早期農家在採收農作物後，就挨家挨戶兜售。200 多年前，農家開始在人潮集中處擺攤，於是有了朝市，最知名的就是本町和沼垂的朝市。由於人口增加、交通發達，朝市也出現許多亂象，例如交通障礙和衛生問題，加上交易價格不穩，對生產者和消費者都不利。為了確保價格公正、食品安全，在昭和 39 年 (1964 年) 成立日本海側的第一個中央卸賣市場青果部，在平成 19 年 (2007 年) 更將青果、水產、花卉等全部整合遷移到目前的位置。

市場清晨 5 點開始營運，還設有餐廳，大多從 6 點就開始營業，方便服務這裡的工作者，一般人也可以進入市場採購或是到餐廳用餐。

新潟県立植物園

悠遊在草原、落羽松與花海間

http botanical.greenery-niigata.or.jp／新潟市秋葉區金津186／(0250)24-6465／JR信越本線「古津站」徒步25分鐘／1.5小時

新潟縣立植物園占地很大，和新潟市新津美術館、史蹟古津八幡山相連，是個可以慢慢散步放鬆身心的好地方。

園裡有一個大溫室，種植許多熱帶植物，讓寒帶的本地居民也可以認識熱帶植物。戶外有10,000平方公尺的草地和23,000平方公尺的池塘，多種水鳥在此棲息。另外，植物園也種植許多落羽松，秋天的時候落羽松轉紅，景致怡人。

1. 新潟縣立植物園有非常優美的圓頂溫室／2,3. 適合闔家來此休憩遊玩／4. 植物園占地遼闊，有許多水生植物

史蹟古津八幡山

見證時代變遷的遺跡

古津八幡山遺跡是一個新的史跡公園，於平成27年(2015年)整修後公開，橫跨新潟市秋葉區的金津與古津地區，位在信濃川與阿賀野川相交的丘陵上，在彌生時代(西元前300～西元250年)曾是大規模的高地村落，到了古墳時代(西元3～6世紀)則建造了縣內最大的圓墳「古津八幡山古墳」。

山坡下的彌生之丘展示館有導覽施設，參觀時可留意古墳群中有個直徑60公尺的巨大圓墳，可說是完全復刻1,600年前的模樣，得以一窺當年居民生活的原貌。從這裡可以眺望信濃川、阿賀野川下游的平原，還可以看到彌生時代的高地性環濠集落的豎穴住居，見證時代的變遷。

1.1,600年前的巨大圓墳／2. 位在山丘上的古墳群與豎穴住居

3

2

1

5

4

6

1,2. 戶外區展示許多曾經服役過的電車及新幹線／3. 連車內座椅的演變都有詳細介紹／4,5. 鐵道資料館內展示了鐵道相關的歷史文物／6. 可以實際體驗電車的操作

新津鉄道資料館

訴說日本的鐵道文化史

http ncnrm.com／◎新潟市秋葉區新津東町 2-5-6／☎ (0250) 24-5700／🕒 09:30～17:00／$ 大人 300 日圓；高中、大學生 200 日圓；中小學生 100 日圓／⇨ JR信越本線「新津站」搭巴士（新津工業高校前下）6分鐘／⌛ 1小時

穿過日本海側連結北海道、東北與關西，包括北陸本線、信越本線、羽越本線、奧羽本線等路線，合稱為日本海縱貫線。戰後鐵道成為人流、物流往來的最重要工具，新津位居於日本海側鐵道輸送之要衝，交通地位非常重要。

在 1960～1970 年代蒸氣火車逐漸被電車取代時，掀起了一股蒸氣火車熱潮，這一帶的蒸氣火車如 C57、D51 等，吸引許多攝影及鐵道愛好者來到新津，但其實新津站早已電氣化，只是拜蒸氣火車之熱所賜，新津位於羽越本線、磐越西線的交叉點，又有蒸氣火車通過，成為鐵道重鎮。現在的新津也不遜於當年，有蒸氣火車、在來線特急等，可以看到許多車種。

本館於昭和58年（1983 年）開放，原本是利用新津站西南方的舊新潟鐵道病院新津分室的建築，建造「鐵道的小鎮新津」，在平成10年（1998 年）再移到舊鐵道學園的舊址。平成26年（2014 年）時，200 系新幹線的車頭以及 C57 型蒸氣機關車19號機的車廂，開始在戶外展示，市內的常設展也大幅更新，以更精采的姿態歡迎鐵道迷的來訪。

新潟ふるさと村

集結所有新潟土產的公路休息站

新潟故鄉村

http furusatomura.pref.niigata.jp／新潟市西區山田 2307／(0252)30-3030／バザール館 09:30～17:30；ファイブワンいいね！新潟館 09:00～17:00／JR「新潟站」搭巴士1小時，或從 Toki Messe 搭水上巴士50分鐘／1.5 小時

位於新潟市西區的國道休息站，集合當地的農特產品、B級美食和觀光情報，是一個複合式的觀光休憩處。在バザール館的1樓除了生鮮蔬果海鮮，也有當地生產製造的日常用品、零食點心、越光米、日本酒、以及燕三条的金屬製品等。2樓是美食區，可以吃到各種鄉土美食。

在ファイブワンいいね！新潟館的1樓是本縣的觀光資訊，2樓則是重現大正時代（1912～1926年）的街道、明治時代（1868～1912年）的雪國生活方式，以及昭和時代（1926～1989年）至今生活型態的變遷。

1. 新潟故鄉村是一個很大的國道休息站／2. 1樓販賣各種土產與工藝品／3. 2樓是美食區

いくとぴあ食花

可以近距離看到水豚和草泥馬

http ikutopia.com／新潟市中央區清五郎 336／09:00～17:00／JR「新潟站」搭巴士（スポーツ公園線いくとぴあ食花前下）20分鐘／2小時

いくとぴあ食花是鳥屋野潟旁的一個綜合性設施，以食和花為主題，有大型餐廳、生鮮食品賣場キラキラマーケット，以及漂亮的花園和花店，販售的物品都是本地生產的蔬果、米、酒、零食。

這裡還有個動物中心，飼養深受小朋友喜愛的水豚和草泥馬，如果遇到水豚吃飯的時間，管理員還會邀請現場的小朋友們進去餵水豚吃紅蘿蔔唷！

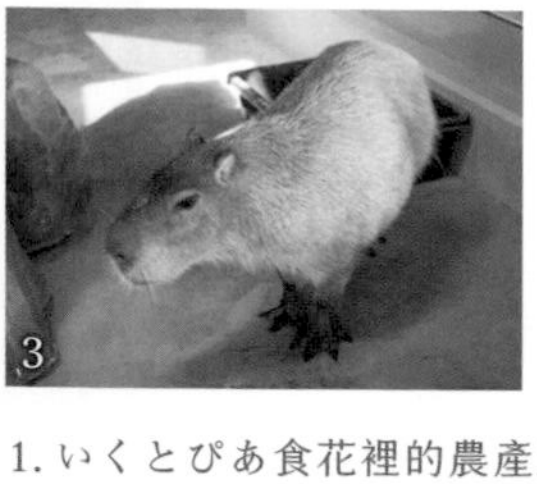

1. いくとぴあ食花裡的農產直賣所／2. 動物中心裡有各種可愛小動物／3. 最受小朋友喜歡的水豚

1. 白色建築即為 View 福島潟／ 2. 春天時從 View 福島潟欣賞油菜花／ 3. 一年四季的景色都非常夢幻／ 4. 冬天可以來此欣賞福島潟與整片雪山共演，十分壯觀

福島潟

春天的油菜花和遠山的共演是絕景

http pavc.ne.jp/~hishikui／新潟市北區前新田乙493／(0253)87-1491／View 福島潟（ビュー福島潟）09:00～17:00／JR信白新線「豐榮站」徒步30分鐘，或搭計程車5分鐘／1小時

福島潟不在福島，而是在新潟市北區的一處潟湖，離熱鬧的市區有一大段距離。

全區占地廣大，環境未受汙染，有220種以上的野鳥和450種以上的植物，水禽動物和水生植物都生長得很繁盛，可以說是大自然的寶庫。春天的福島潟開滿大片的油菜花，總是吸引許多遊客來欣賞油菜花、潟湖、雪山與櫻花的共演，推薦給喜歡油菜花的朋友。

福島潟也是候鳥南飛的中繼站，因此環境省在這裡成立了日本第一個一級鳥類觀測站。秋冬的時候，可以看到一種叫做オオヒシクイ(英文名 Bean Goose)的水鳥，這是一種候鳥，也是國家天然紀念物，而福島潟是日本第一大的オオヒシクイ過冬所在地。每年9月下旬，約有5,000隻水鳥飛來這裡避冬，隔年3月再飛回2,400公里以外的堪察加半島，喜歡鳥兒的朋友千萬不要錯過這群可愛的小嬌客。

福島潟的旁邊有一棟 View 福島潟，是提供本地自然與文化資訊的情報展示站，從屋頂的瞭望台可以一眼看盡福島潟和越後平野四季不同的景觀，也可以拍攝到福島潟的全貌。

1. 庭園內的紫藤花是人氣景點／ 2. 紫藤花瓣掉落在下方的水池，浪漫度破表／ 3. 夢幻的紫藤花景／ 4,5. 北方文化博物館庭園一隅

北方文化博物館

探訪昔日富農的日常生活

hoppou-bunka.com／新潟市江南區澤海2-15-25／(0253)85-2001／4～11月09:00～17:00；12～3月09:00～16:30／大人800日圓；兒童400日圓／JR信越本線「新津站」搭計程車20分鐘／1小時

又稱作伊藤邸，是大地主伊藤家的第一代伊藤文吉，花了8年的時間建造完成的。因為是豪農的宅邸，傭人和員工曾多達60人，如今已歷經八代。在第七代時遇到第二次世界大戰，第七代文吉決定將這裡改成博物館，捐出所有資產，並花了5年的時間，將伊藤邸裝修為博物館，可以入內參觀，內部保留了當年的擺設，遊客彷彿置身當年豪宅內人聲鼎沸、繁榮氣派的時光。

第八代文吉已於近年過世，和他的父親一樣，八代花了不少時間思考、摸索這間博物館應有的真實面貌。這裡的春夏秋冬各有勝景，推薦遊客來到新潟市一定要來這裡參訪，如同八代文吉所說的，「請來此追求心靈的饗宴」（心のご馳走を求めてどうぞいらっしゃってください）。

北方文化博物館在每年5月初的黃金週會吸引很多遊客，因為這裡最有名的1棵樹齡達150年的紫藤花，會在此時滿開，雖然只有1株，垂落的花串長度也不算特別長，但這棵紫藤的面積很大，下方還有一個池塘養了許多錦鯉魚，加上氣派的日式老豪宅，景觀十分夢幻。

CAVE D'OCCI

擁有大片葡萄園的全方位度假酒莊

docci.com／新潟縣新潟市西蒲區角田浜1661／(0256)77-2288／JR「新潟站」搭免費接駁巴士（一日兩班，需前一日預約）／2小時

位在西蒲區，彌彥山附近的CAVE D'OCCI，是近年來非常有人氣的景點，結合了餐飲、溫泉Spa、賞花、品酒、土產店等休閒設施，一到假日總是人潮絡繹不絕。

CAVE D'OCCI原本是酒莊，總面積有2.4萬坪，包括一大片自家栽種管理的葡萄園。這裡也提供住宿服務，旅館部門還得到2023年新潟美食獎(Gastronomy Award)旅館類的特別優秀賞。最令人陶醉的是花園裡的玫瑰，在綻放的季節，把園區妝點的就像在南歐的莊園。

CAVE D'OCCI在新潟市內開了數間餐廳分店，在新潟車站前，或是鳥屋野潟的知名家具商店S.H.S內，都可以品嘗到CAVE D'OCCI的料理和美酒。

1.CAVE D'OCCI酒莊／2,3.春天的時候園區開滿美麗的玫瑰花

La Trattoria Estorto

完美實現從農場到餐桌的理念

fruitstomato.com/estorto.html／新潟縣新潟市北區新崎2757／(0252)59-8111／11:00～15:00／JR白新線「新崎站」徒步15分鐘／2小時

ラ・トラットリア エストルト(La Trattoria Estorto)是高儀農場直營的農家餐廳，餐廳旁是溫室，每天從溫室現採的野菜就直送到餐廳提供給顧客。冬天時，溫室草莓會開放採果。農家餐廳提供西式料理，包括義大利麵、披薩、焗烤和各式甜點，最有人氣的是綜合生菜沙拉以及農場自製的香腸和培根。餐廳只有中午時間營業，假日的時候顧客很多，晚一點來的話等候時間會很長。

1. 非常有人氣的農家餐廳，內部是溫暖厚實的木材裝潢／2. 旁邊有高儀農場直營的農產直賣所／3. 餐食以蔬菜為主，全都是自家農場生產

KOKAJIYA 岩室小鍛冶屋

在溫暖放鬆的氣氛下享受義式料理

http kokajiya.com／新潟縣新潟市西蒲區岩室溫泉666／(0256)78-8781／午餐11:30開始；晚餐18:00開始／JR越後線「岩室站」搭計程車10分鐘

在岩室溫泉街上，有一間超過100年的優雅古民家，非常吸引大家的目光，那就是KOKAJIYA岩室小鍛冶屋，是一間很有名的餐廳，主要供應義大利料理，每天採買最新鮮的當地食材，再依入手的食材決定當天的菜單。

餐廳不僅外觀吸引人，內部陳設也很有風味，為了營造溫暖的感覺，室內照明的強度、明暗的對比、食器的搭配等都經過精心設計，讓前來的客人能在舒服的環境中享用美食。

1.KOKAJIYA的外觀是一間漂亮的古民家／2,3.從擺盤到料理都非常用心

とり蔦

串燒雞肉變成高級美食的小店

http toritsuta.com／新潟縣新潟市西蒲區岩室溫泉667-19／(0256)78-8618／午餐11:30開始；晚餐18:00開始／JR越後線「岩室站」搭計程車10分鐘

從熱鬧的岩室溫泉街轉個彎，在一條安靜的小巷裡、慶覺寺旁邊掛著暖簾的小店，就是這幾年非常有人氣的とり蔦。

年輕的店主在餐飲界待過很長的一段時間，後來回到新潟，在知名餐廳KOKAJIYA岩室小鍛冶屋工作。因為對於燒烤食物非常拿手，深獲客人的好評，該餐廳因此專門為他開了這間燒鳥店。開店之後，因為味道十分好吃，知名度迅速提升，成為人氣的燒鳥店。店內採套餐模式，每日嚴選全國各地的品牌雞，串燒出令人難忘的滋味。

1,2.不論是串烤或丼飯，都令人讚不絕口／3.とり蔦的店主專心工作中

ナミテテ Namitete
在郊區麵包店遇見非洲麵包

http namitete.com／新潟縣新潟市西區みずき野 1-12-8／(0253)74-6001／平日 08:00～18:00，假日 07:00～19:00／JR越後線「越後赤塚站」徒步5分鐘

老板娘曾因緣際會參加了非洲志工團，主要是協助當地的結核病防治工作。原本她只是想了解為什麼非洲仍然有這麼多地方受到貧窮與疾病的威脅。後來她發現，當地的生活條件欠佳，但是心靈的豐富度卻是許多日本人遠遠不及的，她開始迷上非洲，在非洲待了10年之久。

丈夫是烘焙師，夫妻倆回到日本後，決定引進非洲麵包，開了一間非洲風的麵包店。在店內打工的是非洲留學生，播放的是非洲音樂。為了符合日本人的口味，大部分麵包的口感都做過調整，但是其中一款產品堅持一定要是原汁原味無調整的非洲麵包。這裡的麵包非常好吃，來往的客人絡繹不絕，在西區非常有人氣。

1. 招牌充滿了濃濃的非洲風／2. 店內設有內用區，有非洲留學生在此打工

そら野テラス
體驗農園文化的複合性設施

http sola-terra.jp／新潟縣新潟市西蒲區下山 1320-1／(0256)88-4411／09:00～19:00／JR越後線「越後赤塚站」搭計程車5分鐘

在西蒲區的偏僻農地中，有一個類似國道休息站的建築，裡面有農園體驗、餐廳、商店，假日時人潮絡繹不絕，那就是そら野テラス。這裡有草莓園可以採果(預約制)，商店賣的農產品都是當地農家種植的新鮮蔬果，也有很多當地的特產，非常好逛。

1. そら野テラス的外觀／2. そら野テラス販售的草莓是自家農園種植的／3. 附設農家餐廳／4. 提供樸實卻美味的農家菜

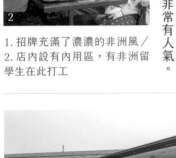

長岡、柏崎、小千谷

本區位於本縣的中越地區，西邊緊鄰日本海，東有越後山脈。越後三大花火——長岡大花火大會、片貝花火大會、柏崎海上大花火大會是這一區的熱門活動。加上充滿歷史感的出雲崎町，以及少見的雪上熱氣球、鬥牛活動，讓這裡滿溢著迷人的氛圍。

美食的部分，發源自長岡的生薑醬油拉麵和栃尾油豆腐，在首都圈享有盛名。柏崎的鯛魚茶泡飯、小千谷的蕎麥麵、出雲崎的海鮮，也是當地的名物。

在經濟方面，長岡的米菓業、工業機器、運動器材等產業相當繁榮，而見附的針織產業、小千谷的錦鯉養殖業，成就也都聞名全國。

分區地圖

1. 小千古熱鬧非凡的熱氣球嘉年華／2. 柏崎戀人岬的心型鎖鍊與愛情鐘

長岡

兼具現代與復古的縣內第二大城

1. 許多民眾會帶著寵物一起進入公園賞花／ 2. 國營越後丘陵公園在玫瑰花季會吸引許多的遊客
3. 公園內販賣玫瑰口味的冰淇淋／ 4,5. 園內有許多珍貴品種的玫瑰花，造景也十分浪漫

国営越後丘陵公園

春秋季悠遊在浪漫玫瑰花海裡

http echigo-park.jp／新潟縣長岡市宮本東方町字三ッ又1950-1／(0258)47-8001／4月09:30～17:00；5～8月09:30～18:00；9～10月09:30～17:00；11～3月09:30～16:30／成人450日圓；中小學生免費；65歲以上210日圓／JR信越本線「長岡站」搭公車40分鐘／2小時

這個公園的春季有雪割草、鬱金香，初夏有薰衣草，秋天有波斯菊，四季都有不同的花草。但是這裡最知名的是春天和秋天每年兩期的玫瑰花季，是新潟規模最大的玫瑰花園。

公園共種植700個品種，超過2,400株玫瑰。玫瑰可以分成7種香氣，在國營越後丘陵公園都有，令人大開眼界。歐風設計的花園裡還有多座玫瑰拱門，在浪漫花海中幻想自己是《凡爾賽玫瑰》的主角，非常值得一遊！

馬高繩文館

日本遺產火焰型土器的發祥地

(http) museum.city.nagaoka.niigata.jp/umataka／(地址) 新潟縣長岡市關原町1-3060-1／(電話) (0258)46-0601／(時間) 09:00～17:00／(交通) JR信越本線「長岡站」搭往柏崎公車，在「關原南」下徒步5分鐘／(停留) 1小時

13,000年前的人們沿著廣大的信濃川流域傍水而居，開啟了繩文時代的序幕。在繩文時代的中期，也就是大約5,000年前，誕生了火焰型土器，其最大特點就是上方有4個雞冠狀把手和鋸齒狀的突起，像極了火焰的形狀。

雖然繩文遺跡涵蓋區域很廣，但並非所有的繩文古人都會製做火焰型土器。實際上找到火焰型土器的區域並不大，幾乎只存在新潟縣內，而馬高繩文館就是縣內第一個被認定為日本遺產火焰型土器的發祥地。

1. 火焰型土器的模樣／2. 馬高、三十稻場遺跡

摂田屋

空氣中飄著釀造味的小町

攝田屋

離JR宮內站徒步約12分鐘的攝田屋，是一個地區的名稱，有數間知名的味噌工廠、醬油工廠以及酒藏。

攝田屋在江戶時代（17世紀初期～19世紀中期）是天領地（江戶幕府的直轄地），商業發展繁榮，坐落在上杉謙信遠征關東時走過的三國街道上。三國街道不僅是連接北陸與關東的要道，也是大名參勤交代（即當時的藩主，每隔1年就要前往江戶，替幕府將軍執行政務一段期間再返回領國）的路線之一，因為地理位置重要，入手良質大豆等物資十分方便，這一區就成為接待屋（せったいや），攝田屋的日文是せったや，就是從當時的接待屋名稱演變而來的。

以下介紹幾家值得一看的工廠：

吉乃川

長岡在第二次世界大戰時慘遭蹂躪，攝田屋奇蹟似地未受波及，還保存著許多江戶末期、明治、大正時期的建築，其中最知名的就是1548年創業的清酒藏元（即清酒酒廠）吉乃川(yosinogawa.cc.jp)。

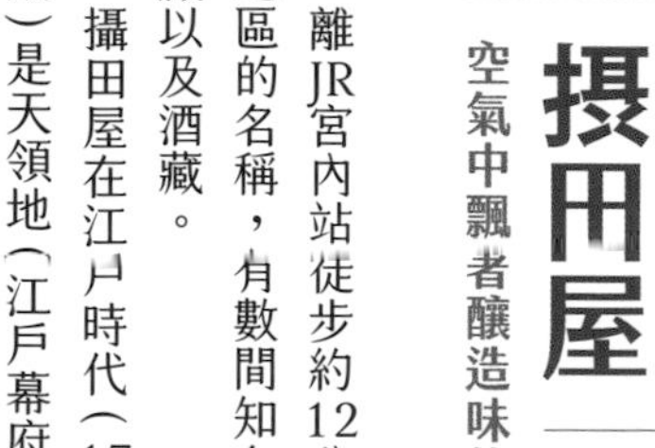

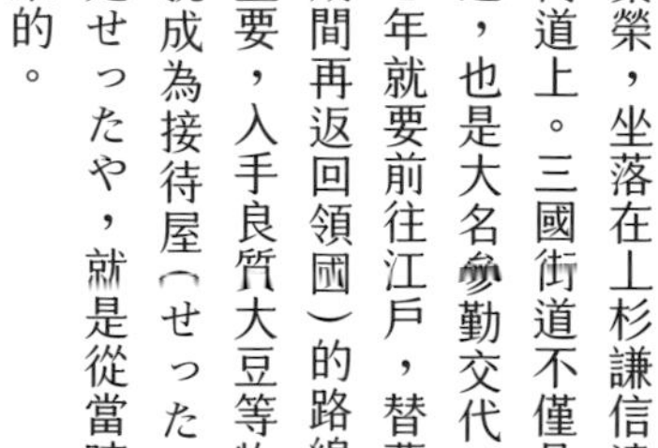

2019年10月，店家將百年倉庫改建成「吉乃川酒的博物館─釀藏」，規畫了互動式小遊戲，還有酒吧提供各種本酒造的酒，可說是造訪攝田屋時的必去景點。

長谷川酒造

1842年創立的長谷川酒造（sekkobai.jp），在2004年中越大地震時外牆全倒，建築物受到嚴重損害，酒造負責人同時也是政治世家的男主人後來選擇政治生涯，女主人則帶著3個女兒一手將酒造生意扶起。後來是大女兒接下繼承重任，並以「希望日本酒可以登上世界各個角落的餐桌」為志向而努力。

舊機那番紅花酒製造本舖

這是一間非常特別的古老倉庫，不同於現在的酒藏，當年販賣的是藥酒，藥酒的成分就是以番紅花（サフラン，一種類似菖蒲，南亞產的植物）為主，再加上近20種草藥所製成的。

目前酒舖已經歇業，但倉庫的鏝繪（こてえ，一種窗戶的裝飾法）畫滿了動植物和靈獸圖案，其工法和保存狀況被譽為日本第一，故長岡市把「舊機那番紅花酒製造本舖」的建築保留下來，至於藥酒則由新潟銘釀株式會社繼承販賣。

越のむらさき

醬油工廠越のむらさき（koshi-no-murasaki.co.jp）創立於1831年，目前是第九代社長，工廠的煙囪頭幾乎成了本區的地標，雖然煙囪不常使用，但一旦拆掉就無法還原，所以商家還是盡量保養以維持原貌。

星野本店和味噌星六

創立於1846年釀造味噌和醬油的星野本店（hoshino-honten.com），以及成立約50年，強調無添加、使用無農藥原料的味噌星六（hoshi6.com），都是值得安排一起參觀的好地方。

1. 攝田屋公園內洗手間的木桶造型，象徵著此地釀造業的發達／2. 超過470年歷史的吉乃川酒造／3.1842年創立的長谷川酒造／4. 釀造味噌和醬油的星野本店／5. 舊機那番紅花酒製造本舖的倉庫建築有非常珍貴的鏝繪／6. 攝田屋地區的地標越のむらさき煙囪／7. 強調有機無添加的味噌星六

悠久山公園

近距離看猴子的可愛公園

新潟縣長岡市御山町 80-5／JR信越本線「長岡站」搭公車15分鐘／1小時

受到市民喜愛的悠久山公園，據說一開始是長岡藩的三代藩主牧野忠辰在此種植佐渡的杉苗，後來又陸續種植了松樹、櫻花等植物。春天時，園內的2,500棵櫻花同時綻放，十分美麗，尤其是公園內養了許多猴子，可以拍到猴子和櫻花共演的可愛畫面。

園內除了游泳池、棒球場、小動物園、猿山、日本庭園和遊具設備外，以泉翠池為中心的散步道上還有各種植物與昆蟲，自然生態非常豐富。

1. 悠久山公園旁的蒼柴神社，已登錄國家有形文化財／2. 公園內的仿城堡建築和櫻花的搭配非常漂亮／3. 悠久山公園內可以看到猴子和櫻花的共演

長岡野菜 A alla Z｜長岡店

大城市種出來的青菜也超有名氣

a-alla-z.jp/nagaoka／新潟縣長岡市高畑町 660，S.H.S 長岡店 3F／(0258)33-6667／11:30～15:30；18:00～21:30／自駕／1.5 小時

京都產的野菜叫做京野菜，長岡產的野菜也有自己的品牌，名稱就叫做長岡野菜。由於信濃川沿岸的土壤肥沃，特別適合種植農作物，加上夏天高溫多濕，冬天寒冷多雪，長岡產的野菜不但品質高，風味也特別好，包括茄子、梨、里芋等，得到長岡野菜協會認定的長岡野菜共達13種之多。

長岡市內有一些主打使用長岡野菜的餐廳，A alla Z 長岡店就是其中之一，店內製作的道地義大利料理，在明亮開放的空間內，提供訪客味覺上的驚豔與享受。

1. 使用長岡野菜的餐廳 A alla Z 長岡店／2. 也販售長岡產的生鮮蔬菜／3. 標榜使用長岡野菜製作各種義式料理

金峯神社

新潟縣內最美的花手水

📍新潟縣長岡市西藏王 2-6-19／📞(0258)32-2337／🕘09:00～17:00／⇨JR信越本線「北長岡站」徒步15分鐘／⌛1小時

傳說金峯神社創立於西元 709 年，距今已超過 1,300 年的歷史，是新潟縣內最古老的神社之一，附近的居民都稱之為藏王大人(蔵王さま)。每年7月15日的流鏑馬(ヤブサメ)和11月5日的王神祭都是難得一見的活動。

近幾年讓神社聲名大噪的是這裡的花手水。金峯神社的花手水除了鮮花，還多了創意與巧思，有許多遊客更是為了欣賞花手水而來。

1.金峯神社是長岡市非常有名的神社／2.花手水經過特別設計，並隨著季節更換主題

麵の風祥気 本店

米其林肯定的雞湯拉麵店

📍新潟縣長岡市寺島町 729／📞(0258)29-6232／🕘11:00～15:00；17:00～20:00／⇨JR信越本線「長岡站」搭計程車10分鐘

用雞骨和雞爪蒸煮多時的高湯，呈現出漂亮的金黃色澤，百分之百雞湯做成的拉麵湯頭，加上滑嫩的雞肉片，讓整碗拉麵充滿著濃厚香醇的餘韻，難怪能成為米其林推薦的拉麵店。

拉麵いち井

連續10年新潟縣評分最高的拉麵

📍新潟縣長岡市曙 1-1-5／📞(0258)37-6521／🕘11:30～14:30／⇨JR信越本線「宮內站」徒步12分鐘

いち井是間每天大排長龍、吸引許多遊客專程來排隊品嘗的名店，因為它是日本知名美食網站tabelog(食べログ)連續10年蟬連新潟縣內評分最高的拉麵店。店內只提供鹽味拉麵一種口味，從豬骨提煉出來的湯頭，香而不膩，加上叉燒肉、筍乾和木耳，上桌前再撒上用鐵鍋炒過的櫻花蝦提味，就成了一碗讓各地饕客趨之若鶩的美味拉麵。

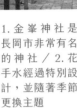

山古志與小千谷鬥牛活動

感受超過一公噸鬥牛的衝勁

http tsunotsuki.main.jp 或 tsunotsuki.com／📍山古志：新潟縣長岡市山古志南平乙986；小千谷：新潟縣小千谷市小粟山／🕒不定期舉辦鬥牛活動，請查詢官網公告／➡自駕／⌛3小時

在新潟縣中越地區的山古志以及小千谷，都流傳著一種很特別的鬥牛大會（牛の角突き），這種鬥牛活動據說從1千年前就開始了，現在也已經成為日本的指定重要無形民俗文化財。

體魄強健的牛群自古以來就是農耕的重要幫手，因為和飼主之間培養出的親密互動而誕生這種活動。為了避免牛隻受傷及造成賭博風氣，這裡的鬥牛大會不是比輸贏，而是比平手。為了不讓牛群因為比賽而受到傷亡，在激烈衝突的競爭過程中，飼主會伺機介入並壓制住牛隻，正是此活動的特色之一。

在小千谷有間東山小學校，全校師生共同飼養了1隻校牛，目前已經是第四代的「牛太郎」，每年都會在小學生的加油聲中參加比賽，十分可愛。

1. 鬥牛大會總是吸引許多遊客入場參觀（照片提供：山古志觀光協會）／2. 傳統活動山古志的鬥牛（照片提供：山古志觀光協會）／3. 鬥牛的目的不在勝負而在平手

旅遊 Spotlight 美麗村莊的招牌美食

栃尾位於新潟縣中央，是一個位置偏僻但風光優美的小村落，群山環繞加上清澈的溪流流過，以油豆腐聞名日本。油豆腐是當地的招牌美食，專賣店家數多、密度高，而且不同的店都會有自己的創意吃法。

1. 栃尾地區是個偏僻的小村落，豆腐店林立／2. 星長豆腐店的油豆腐／3. 栃尾油豆腐又大又厚，有很多不同的吃法

見附

以針織品和玫瑰花園著名的小鎮

1. 見附英國庭園的造景非常漂亮／ 2. 玫瑰花季是人氣的賞花地點
3.MEG CAFE 511 是見附英國庭園內的人氣餐飲店，餐點營造出可愛的園藝感

みつけイングリッシュガーデン 見附英國庭園

玫瑰花海搭配英式建築令人流連忘返

新潟縣見附市新幸町 35 番地／(0258)66-8832／08:40～日落；4～11月花園開放期間，10:00～21:30無休／休 英式花園在冬季閉館（12～3月）；MEG CAFE 511 在花園閉館期間的週二／$ 免費入園，但鼓勵遊客捐獻花草管理費 200 日圓起（有捐獻箱）／JR信越本線「見附站」徒步18分鐘／1.5 小時

見附市和五泉市是新潟縣內兩大生產針織品地區，到見附市除了購買針織品之外，推薦順遊的就是漂亮的英式庭園。

見附英國庭園於 2008 年開幕，是公營花園，當初特別請來英國的園藝研究家設計監修，打造了這個純正的英式花園。園內種植超過3萬棵植物，包括 150 種玫瑰，春、夏、秋季都可以欣賞到不同的花卉，開幕後馬上成為熱門的打卡景點。

園內有漂亮的英式建築、廣場和噴水池，近來每年的參觀人數都突破 100 萬人次。由於來客數多，許多人希望花園內可以有飲食和休憩的空間，於是官方又開了一間土產餐飲店 MEG CAFE 511，販賣各種植物花卉、當地特產和手作品，並使用當地食材做成美味料理，當時連新潟的電視台都特別做了專題報導。店內供應的香草茶來自於園內栽種的香草植物，菜單內容會隨季節調整，配合英式花園的風格，餐點的擺盤也裝飾得創意可愛，連湯匙都是鐵鏟的模樣呢！

柏崎

海鮮一流的濱海風景勝地

日本海フィッシャーマンズケープ 日本海 Fisherman's Cape

充分享受海鮮滋味的複合性設施

http nfcnet.co.jp／新潟縣柏崎市青海川 133-1／10:00～18:00／JR信越本線「青海川站」徒步20分鐘／1.5小時

位在靠海的日本海 Fisherman's Cape是一區好買、好吃又能賞景的地方，匯集柏崎市的特產，販賣當地捕獲的新鮮魚貨、乾貨和地產青菜水果。浜燒區有現烤的魚貝類，炭烤香氣撲鼻誘人。磯浜區的店內販賣柏崎市的B級美食鯖魚三明治，包裹著現炸鯖魚和洋蔥絲的三明治，擠上檸檬汁，滋味絕妙爽口。

キーウエスト的2樓是土產店，3樓則是以海鮮為主的福浦餐廳，店內名物是鯛魚茶泡飯，以非常經濟實惠的價格提供各種海鮮定食。

1. 日本海 Fisherman's Cape 販賣各種新鮮魚貨／2. 柏崎市名物鯖魚三明治／3. 大馬路邊可以清楚看到日本海 Fisherman's Cape 的地標

恋人岬

日本海側最浪漫的景點之一

http koibitomisaki-niigata.jp／新潟縣柏崎市青海川 133-1／JR信越本線「柏崎站」搭計程車20分鐘／1小時

從日本海 Fisherman's Cape旁邊的小徑進入，車行5分鐘即可抵達海岸邊的戀人岬，正確名稱其實是鷗が鼻展望台，是柏崎市的代表景觀。此地緊鄰日本海，可以看到無敵海景和浪漫的夕陽，這裡也是一個祈願良緣、戀愛必勝的能量景點，步道旁的欄杆上掛滿了鐵鏈繫著的心型祈願牌，假日常見一對對情侶在此約會，氣氛浪漫無比，所以別名稱之為戀人岬。

戀人岬處處可見浪漫的心形圖案，夕陽景色非常有名

柏崎海上大花火大會

感受上百顆花火齊發的魅力

新潟縣柏崎市中央海岸（みなとまち海濱公園一帶）／JR信越本線「柏崎站」徒步20分鐘

柏崎祭是本市夏天最大型的活動，固定在7月24～26日連續舉辦3天。24日舉行街頭民謠活動；25日推出山車遊行，一群人坐在上面，喊著同樣的口號，威風凜凜；26日則來到祭典的最高潮，也就是柏崎海上大花火大會。這個花火大會是新潟的三大花火之一，這個海上花火不但有300發連射、超廣範圍的海中大連射花火、還有壓軸的尺玉100發齊射，極為推薦。

從海上發射、魄力滿點的柏崎海上大花火大會
（照片提供：ぎおん柏崎まつり協賛会）

青海川駅

離日本海最近的JR線車站

青海川站是東日本旅客鐵道（JR東日本）信越本線的車站，號稱是離日本海最近的JR線車站，站台旁就是日本海岸邊。新潟的觀光列車越乃Shu＊Kura經過的時候，還會停靠於此讓乘客下車拍照呢！

鯛魚茶泡飯

來到柏崎必吃的地方美食

本市有兩大B級美食，一是鯖魚三明治，另一個就是鯛魚茶泡飯。擁有42公里海岸線、複雜的岩岸地形讓柏崎的近海成為一個環境良好的魚場，特別適合當作鯛魚的產卵地，成為縣內鯛魚產量數一數二的地方。

鯛魚茶泡飯不但是當地的知名美食，還曾經參加國際地方美食比賽，在2011、2012和2016年都拿下最優秀獎，市內有多間海鮮餐廳可以品嘗到這道美食。

鯛魚茶泡飯是來到柏崎的必吃美食

小千谷

錦鯉與三尺玉花火之發祥地

錦鯉の里

身價不斐的高級錦鯉

錦鯉之鄉

http nishikigoinosato.jp／新潟縣小千谷市城內1-8-22／(0258)83-2233／3～11月 09:00～18:00；12～2月 09:00～17:00／$ 成人520日圓；中小學生310日圓／自駕／1小時

日本出現錦鯉大約是在19世紀初期，那時候在二十村鄉（現在長岡與小千谷一帶），原本是食用性的鯉魚因為突變，出現不同顏色的變種，經過長時間的研究改良，現在已經變成高級的觀賞魚。在錦鯉之鄉這裡可近距離觀賞美麗的錦鯉。

錦鯉的繁殖可說是新潟值得自豪的傳統文化之一，小千谷的錦鯉產量約占全縣一半，除了在國內擁有一席之地外，在海外也相當有名氣，每年的鯉魚拍賣會都會出現驚人的高價。令和3年(2021年)新潟縣錦鯉的輸出額達到27億日圓，因此錦鯉又被稱為會游動的寶石。

1

2

1. 在錦鯉之鄉可以近距離觀賞美麗的錦鯉／ 2. 小千谷車站前的地下道出入口就是錦鯉樣式

片貝花火

世界最大的四尺玉花火

http katakaimachi-enkakyokai.info/enka_info.html／新潟縣小千谷市片貝町町內／(0258)84-3900(片貝町煙火協會)／19:30～22:20／花火大會當天從JR「小千谷站」及「長岡站」皆有接駁巴士往返

片貝是三尺玉花火的發祥地，「山」的片貝花火、「川」的長岡花火、與「海」的柏崎花火合稱越後三大花火。擁有400年傳統的片貝祭，固定在每年的9月9、10日連續兩天舉辦，總計會施放15,000發的花火，每年約能吸引18～20萬人次參觀。

花火大會的最高潮是在晚上10點整，會打出世界最大顆的四尺玉花火，大小遠超過東京的晴空塔高度，爆破聲也十分響亮。

每年的片貝花火是本地最重要的活動

（照片提供：小千谷觀光協會）

雪上熱氣球與煙火嘉年華

欣賞藍天、白雪、熱氣球的絕妙組合

本市最吸引人的冬季活動，就是連續2天的雪上熱氣球競技「日本海杯選手權大賽」，以及第一天晚上的熱氣球煙火嘉年華。熱氣球競技要看天候狀況，無論晴雨，只要遇到風大、沒風或風向不對都可能取消比賽，而且主辦單位經常在賽前10分鐘才決定是否如期開賽。熱氣球活動往年都在2月底舉辦，詳細資訊請查詢小千谷觀光協會網站(ojiyakanko.com/festa_fusen.html)。

日本海杯比賽的規則叫做Hare and Hound，直譯就是獵兔式。主辦單位的兔子熱氣球會先升空，其他熱氣球準備好之後就可以展開追逐。30分鐘後兔子熱氣球降落，以其降落地當作標的(Target)，參賽熱氣球瞄準該標的丟下標示物(Marker)，標示物離標的越近的隊伍就可以獲得較高的積分。

熱氣球煙火嘉年華是在晚上6點左右開始，完成充氣的熱氣球會交互放光點火，頗有燈光秀的味道。

熱氣球比賽期間，主辦單位還會展示小千谷的傳統技藝——雪曬（雪さらし），也就是在雪地上曬著麻織品小千谷縮（おぢやちぢみ）；小千谷縮是本地的傳統織布工藝，已列入世界無形文化遺產，也是國家指定無形文化財。在雪地上曬著小千谷縮，讓白雪反射的紫外線發揮殺菌的效果，這是雪國人的生活智慧呢！

2

3

4

1

1. 五彩繽紛的雪地熱氣球為冬天妝點了許多色彩／2. 夜間的熱氣球煙火嘉年華
3. 把小千谷縮放在雪地上曝曬／4. 小千谷縮已列入世界無形文化遺產

出雲崎

新潟百選景勝的第一名小鎮

1,2. 夕日食堂提供道地的漁村美食／3. 外觀可愛的夕日食堂／4. 妻入街區是本地的代表景觀

妻入りの街並み

造訪現今日本罕見的史蹟

妻入街區

新潟縣三島郡出雲崎町海岸地區／JR越後線「出雲崎站」搭公車7分鐘，在良寬紀念館前下車徒步5分鐘／1小時

這個面向日本海、海岸線長10公里的小城，是美麗新潟百選景勝的第一名。作為禪僧良寛出生地、詩人芭蕉詠嘆之地、江戶時代的天領地，以及近代石油產業的發源地，出雲崎町有著深厚的歷史故事，日本海的夕陽美景也堪稱一絕。

這裡現在看似凋零，在江戶時代（17～19世紀中）可是佐渡島金和銀的卸貨港、北前船的停泊港與北國街道的住宿地，商業興盛，據說全盛時期約有2萬人住在山丘和日本海之間的一小片平地上，是當時越後地區人口最稠密的地方。

當年是根據房屋和土地的寬度收取稅金，為了讓更多人住，建造了一整排面寬很窄但縱深很長的妻入式房屋，形成近4公里長的妻入街區，殘留的建築如今在國內也屬罕見。

在妻入街區中有間北國街道妻入會館（北国街道妻入会館），重現妻入房屋的傳統格局，可當作觀光客歇腳之處。此外，在國道402號旁的夕日食堂，由一群當地婦女共同經營，食材全來自出雲崎漁港的新鮮漁獲，提供道地的漁村美食。

良寬紀念館

從歷史遺跡中憑弔良寬無偽的德行

http ryokan-kinenkan.jp／📍新潟縣三島郡出雲崎町米田1番地／📞(0258)78-2370／🕘09:00～17:00／$成人400日圓；高校生200日圓；中小學生100日圓／➡JR越後線「出雲崎站」搭計程車5分鐘／⌛0.5小時

江戶時代後期有名的禪僧良寬和尚，出生於出雲崎。為了紀念良寬誕生200周年，當地人籌募善款，邀請東京工業大學的谷口吉郎博士進行設計，於昭和40年(1965年)完成良寬紀念館，館內展出許多良寬的遺墨、遺物以及文獻等。

另外，為了緬懷良寬以及彰顯他的遺德，在他的出生地橘屋的遺址上蓋了良寬堂，冬季還設置防雪圍障，以免受到大雪的破壞。

1

2

3

1. 良寬紀念館收藏並展示良寬和尚的遺物／2. 良寬堂與良寬像／3. 望著佐渡島的良寬像

豆知識

近代石油產業的發祥地

出雲崎自古代就已經發現石油，現存最早的文獻中記載著西元668年天智天皇在位時，越之國曾經獻上「燃燒的水」以及「燃燒的土」。明治23年(1890年)12月，日本石油株式會社從美國購入挖掘機，在出雲崎海邊一處叫做福田泉的油井，成功地挖掘到石油，成為日本第一個用機器挖掘石油的地方，為了紀念此事，這裡被譽為近代石油產業的發祥地，昭和41年(1966年)更被指定為新潟縣文化財，建立紀念公園。

在出雲崎石油紀念館，展出了從石油發現時期到近代齒輪驅動式挖掘法的發展史。附近的綱堀式石油井戶C-2號從明治30年(1897年)，一直開採到昭和60年(1985年)，這口油井導入新式挖掘機，開啟了日本石油開採的現代化新頁。

綱堀式石油井戶C-2號油井

華麗精采的夏之祭典

長岡祭與大花火大會

祭典的源起

長岡祭(長岡祭り)歷年來在8月1～3日舉辦，而8月2、3日晚上舉辦的花火大會就是日本三大花火之一的長岡大花火大會(其他兩個為秋田縣大曲花火大會、茨城縣土浦花火大會)。

長岡祭與大花火大會的起源為1945年8月1日，當晚美軍在長岡市的市中心進行大規模空襲，投下16萬多發的燒夷彈，本市瞬間被火焰包圍，有八成的房屋都被燒毀，造成1,488人死亡，1946年戰後就開始舉行復興祭典。現在的長岡祭是從1951年起開始舉辦，連續3天都會施放慰靈的花火「白菊」以紀念傷亡者。

花火大會精彩絕倫

8月1日傍晚開始的活動稱為「平和祭」，有太鼓演奏、流放燈籠等活動，到了晚上10:30會打出「白菊」花火。從2017年之後，白菊改稱為慰靈與和平的祈願(慰靈と平和の祈り)，這跟製作白菊的花火公司將其登錄為商標有關，但一般人還是習慣稱作白菊。

8月2、3日晚間來到祭典的最高潮，在長岡車站徒步20分鐘左右的信濃川畔，連續兩晚施放共計2萬發的花火，整個花火大會絕無冷場。

1. 長岡大花火大會的絢爛花火／2. 在節目表之外的零號(番外)就是這顆「慰靈與和平的祈願」／3. 正三尺玉花火實物大模型

nagaokamatsuri.com／新潟縣長岡市區信濃川沿岸一帶／JR信越本線「長岡站」徒步20分鐘

大花火大會主要花火介紹

長岡大花火大會是日本三大花火大會之一，也是2015、2016年日本花火師們票選出的第一名花火，每年來欣賞花火的民眾合計超過100萬人。而長岡大花火大會又和縣內的「片貝花火大會」、「柏崎海上大花火大會」並稱越後三大花火。

復興祈願花火—火鳳凰

每年固定有幾個代表性的花火，最有名的就是「火鳳凰」，這是為了2004年中越大地震受災民眾祈福而放的花火，搭配的音樂是平原綾香的〈Jupiter〉。

天地人花火

是日本少見全長400公尺以上的音樂型大型花火，為紀念NHK在2008年，以上杉家的武將直江謙續為故事主角的大河劇《天地人》播出而開始施放。

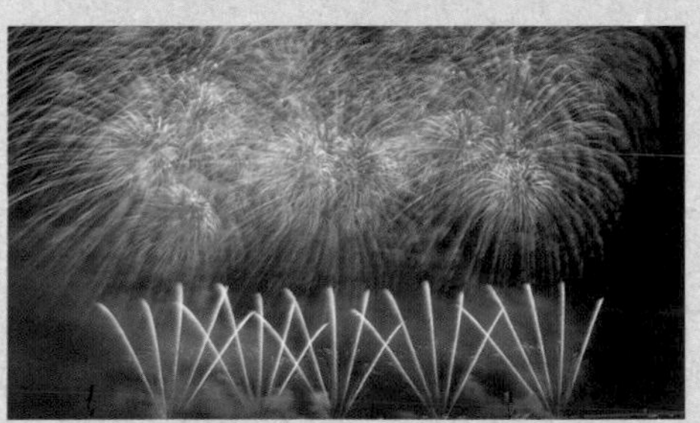

米百俵花火（尺玉百連發）

這是大花火大會的壓軸節目，以幕府末期長岡藩的教育故事「米百俵精神」發想而來，並以「每年多1發」為目標，在2006年完成100發花火連發的夢想。

欣賞花火大會祕技

info

長岡大花火大會最麻煩的就是交通方式，從活動當天傍晚開始，市區會進行交通管制，只有當地居民才能開車進出，因此不建議自駕前往。另外，因為日本8月非常炎熱，避暑小物如扇子、隨身小電風扇等請務必事先準備；如果可以，再加上一些能讓身體降溫的濕紙巾就更好了。

弥彥、燕三条、田上、寺泊

本區位於新潟的中心位置，緊鄰日本海，有新潟最知名的能量點彌彥山及彌彥神社，還有聞名全國的燕市及三条市（合稱燕三条）的金屬工藝，也可到寺泊魚市場享受來自日本海的豐富海鮮。

彌彥神社是新潟最有名的神社，如果是租車自駕的話，非常推薦開車直上彌彥山頂，全長16.8公里的彌彥山天際線，沿途可以看到日本海的壯闊景觀和整個越後平野的美景。彌彥山的另一側沿著日本海的公路，則是越後七浦海濱線（越後七浦シーサイドライン），這個越後七浦海岸充滿著奇岩怪石，開車沿著海岸前進，非常令人心曠神怡，往南可直接抵達寺泊魚市場。

分區地圖

1. 從彌彥山頂眺望越後平野／2. 彌彥神社參道兩旁有許多400年以上的杉樹和檜木

弥彦山及周邊

神聖莊嚴的強大能量場

1. 從彌彥山頂眺望日本海及遠處的佐渡島／2. 標高 634 公尺的彌彥山山頂／3. 山頂餐廳可以眺望日本海，並販售日本海落日意象的拉麵

神社附近的人氣日歸溫泉

旅遊 Spotlight

到彌彥神社參拜後，可以到彌彥櫻井鄉溫泉櫻之湯（彌彦桜井郷温泉さくらの湯）泡湯，釋放一天的疲憊。這是大型日歸溫泉會館，從 JR 彌彥線「彌彥站」搭計程車 5 分鐘即可抵達。

弥彦山

360 度飽覽平原和海景風光

http hotel-juraku.co.jp/yahiko／新潟縣西蒲原郡彌彥村彌彥 2898／(0256)94-4141／09:00～16:00（依季節和天氣不同，營業時間可能有變化）／彌彥山纜車：成人 800 日圓、兒童 400 日圓（單趟）；回轉升降展望塔：成人 650 日圓、兒童 350 日圓／JR 彌彥線「彌彥站」徒步 15 分至彌彥神社旁纜車接駁處／1.5 小時

彌彥山標高 634 公尺，與東京晴空塔同高。從彌彥車站步行 15 分鐘，可以抵達彌彥神社附近的登山口，大約再走 1.5 小時就可以到達山頂。彌彥山又被譽為春之花山，每年 3 月中旬～4 月中旬可以欣賞到各種可愛迷人的山野草。除了步行登頂，也可以搭乘彌彥山纜車或自行開車上山。

首度造訪的遊客，建議搭乘纜車上山最為快速方便，在登山步道的入口，就有免費接駁車駛至纜車站，乘坐纜車上山約 5 分鐘。山頂纜車站附近，初夏時會有 1 萬棵紫陽花綻放迎客。

抵達山頂之後，推薦搭乘「回轉升降展望塔」，這是一座可以 360 度旋轉賞景的高塔，搭乘一次約 8 分鐘。上升至頂端時，望向東邊是廣大的越後平野，朝西可以看見佐渡島和日本海，絕美的景色一覽無遺。

彌彥山自古以來就是一個神聖的能量場，山頂有彌彥神社御神廟的奧宮，參拜彌彥神社之後，建議再上山頂感受靈山聖地的氛圍。

国上寺

越後名僧良寛的修行地

kokujouji.com／新潟縣燕市國上1407／(0256)97-3758／JR越後線「分水站」搭計程車15分鐘／1.5小時

1,300年的歷史，有越後第一寺的美名。境內的朝日山展望台旁有一座很美的千眼堂吊橋，走過吊橋就來到五合庵，僧人良寬曾在此修行20年。良寬(1758～1831年)出生出雲崎，是一位兼具詩人、歌者、書法家身分的禪僧，一生未曾擁有寺廟，恬淡無欲的性格深獲民眾的信賴。他透過自己簡樸的生活方式，以簡單的格言向民眾解釋佛法，贏得支持和共鳴。

五合庵一名的典故，是早在良寬之前居住於此的僧人，接受山下農家每天供養的五合白米而得名。但良寬到此地之後，婉拒農家送米，堅持「一日不做，一日不食」，每日拖鉢於村里間弘法、寫詩，尤其喜歡和小孩一起玩球和捉迷藏，有人問他原因，他說他就是喜歡孩童「真而無偽」的心。

國上寺最美的季節是秋季，楓紅映襯著古老佛像，美得療癒人心。

道の駅国上

國上國道休息站

可吃、可逛、可泡湯的休息站

michinoeki-kugami.jp／新潟縣燕市國上5866-1／JR彌彥線「彌彥站」搭計程車10分鐘／1.5小時

國上寺附近的國上國道休息站，販售當地農特產品和燕市的金屬製品，附設食堂的餐點也十分美味。休息站旁邊還有一個溫泉會館ふれあいパークてまりの湯，可以享受泡溫泉的樂趣。

1. 國上山上的紅色千眼堂吊橋／2. 秋季國上寺的紅葉／3. 為了吸引年輕人，寺方近年在正殿周圍裝設男性歷史人物的彩繪看板／4. 在國上寺附近的休息站國上／5. 附設餐廳提供美味的餐點

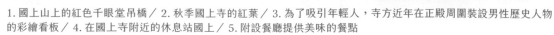

弥彦公園

春櫻、夏螢、秋楓盡是美景

新潟縣西蒲原郡彌彥村大字彌彥／JR彌彥線「彌彥站」徒步5分鐘／1小時

占地近4萬坪的彌彥公園，小橋、流水、高台與隧道將這個公園點綴地熱鬧非凡，是一個充滿日本風情、四季都能賞景的好地方。

春天有1,000棵以上的染井吉野櫻和八重櫻等櫻花綻放，夏天的夜晚有螢火蟲飛舞在公園的河上，秋天的紅葉更是這裡的絕景，尤其是夜間點燈，朱紅色的觀月橋和楓紅相映，號稱是越後三大夜楓之一。公園對面的物產直賣所前設有足湯和手湯可以浸泡休息，是到彌彥神社參拜的推薦順遊景點。

1. 彌彥公園的夜楓是新潟三大夜楓之一／2. 公園的四季都有不同的美景

越後七浦シーサイドライン

越後七浦海濱線

夕陽相隨的熱門兜風路線

新潟縣新潟市西蒲區角田浜～寺泊野積／自駕

這段濱海之旅指的是，國道402號從長岡市寺泊野積到角田浜之間的14公里海岸線，夕陽西下的美景最令人驚豔。沿路可見各種奇岩斷崖，特別是間瀨枕狀熔岩（即2,000萬年前海底火山噴發後的沉積熔岩），昭和36年（1961年）被指定為新潟縣天然紀念物。

旅遊 Spotlight

Q彈好吃的白熊貓燒

彌彥公園附近的分水堂菓子舖的白熊貓燒，曾經在2010年的日本全國物產展中獲得第一名，Q彈的糯米外皮加上不膩口的內餡，讓這間小店隨時湧現排隊的人潮。

1. 彌彥公園旁有名的分水堂果子舖／
2. 毛豆口味白熊貓燒是人氣商品

越後七浦海濱線有絕美的海岸線，適合自駕旅行的遊客

燕三条

金屬工藝的極致展現

1. 在物產館裡有各種燕三条製作的工藝品／ 2. 燕三条地場產中心物產館是喜歡金屬製品的遊客必訪的地方
3. 販賣銅器的專區

道の駅燕三条地場産センター

國道休息站燕三条地場產中心

家用的金屬用具一次購足

http tsjiba.or.jp/michi ／ 新潟縣三条市須頃 1-17 ／ (0256)32-2311 ／ 09:30 ～ 17:30 ／ JR「燕三条站」徒步7分鐘／ 1小時

燕三条是燕市和三条市的統稱，這兩個城市的刀具（刃物）、金屬工藝及洋食器早已馳名日本，號稱是日本第一的「金屬製品城」，所生產的金屬洋食器，曾經在諾貝爾獎頒獎典禮的晚宴上登場呢！

本地的金屬加工歷史，可以追溯到寬永2年（1625年），由於信濃川氾濫，農民生活困苦，官員就獎勵百姓發展鍛冶產業，變成農村的副業。

國道休息站燕三条地場產中心物產館，陳列販賣本地生產的金屬相關製品，一般家用金屬工具都可以在這裡買到，做工精細，質感極佳，外國觀光客在此持護照可享免稅。

燕三条不僅生產民生用品，也有許多專門製造汽車、機械零件的廠商，最特別的就是研發、製造冬季奧運選手使用的冰鞋和冰上運動裝備，結合新潟人對雪地和雪上運動的熟悉度，以及燕三条職人的金屬工藝，研發出的冰上運動用品讓冬奧選手可以表現得更好。

庖丁工房タダフサ

烹調刀具這裡應有盡有

http tadafusa.com／新潟縣三条市東本成寺27-16／(0256)32-2184／09:00～17:00(可能依季節不同)／JR「燕三条站」搭計程車20分鐘／0.5小時

昭和23年(1948年)創業的庖丁工房タダフサ最初是生產農具、漁業用刀具等金屬製品，後來才轉為專門製作家庭用及餐飲用刀具。現場刀具種類甚多，青菜、肉類、海鮮、生魚片等，都各有適合的刀具。

進入工廠附設的直營店大門，最引人注目的就是一整片的菜刀牆。庖丁工房タダフサ的刀具製作最少會經過20道工序，其中最重要的就是搥打和刀鋒磨製的階段，這個階段可以決定一把刀的大小、形狀和鋒利度，需要非常有經驗的職人來負責。

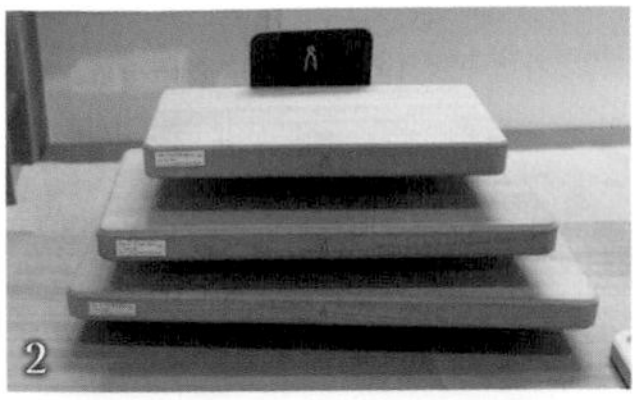

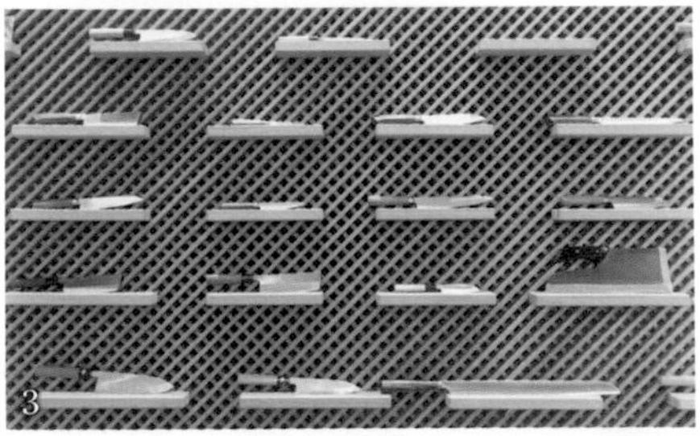

1. 庖丁工房タダフサ是以刀具聞名的廠商／2. 也製作耐看實用的砧板／3. 販售各式各樣的刀具

FACTORY FRONT

服務多元化的個性小店

http factoryfront.com／新潟縣燕市東太田14-3／(0256)46-8720／10:00～18:00／JR彌彥線「西燕站」徒步5分鐘／0.5小時

FACTORY FRONT是武田金型製作所旗下公司MGNET的據點，希望藉由參觀、技術體驗等活動，提高大家對燕三条工藝的興趣與親近感。取名為FRONT，是想要站在本市金屬工藝界的最前線，作為技術與工廠的一個窗口，有時也會視客戶需求，安排參觀本區的其他工廠。

店內除了展示及販賣自家製品(如新型名片夾等商品)外，也販賣本市其他知名廠商的產品，並提供手作品的製作體驗。一般工廠週末休息，FACTORY FRONT仍然照常營業。

1.FACTORY FRONT外觀是一間簡單的鐵皮建築／2. 內部非常有文青感，販售自製或當地有名的工藝品

SUWADA OPEN FACTORY｜諏訪田製作所

堪稱藝術品的精緻指甲刀

http suwada.co.jp／新潟縣三条市高安寺1332／(0256)45-6111／10:00～17:00／自駕／1小時

創立於大正15年(1926年)，本所從製作喰切(類似鉗子的工具)起家，近百年來一直致力於製造「刀鋒和刀鋒可以完美結合切割」的鉗子型工具，例如指甲刀和園藝用鋏子。除了做工精細，也兼顧商品外觀的美感，從商品開發、材料選擇、製作，甚至是機能美的追求，皆由公司的各類職人負責，產品在國內外都得到極高評價，曾獲各種獎項。

最知名的商品是不鏽鋼指甲刀，製程要經過30多道程序打磨，可以做到無縫咬合、不透一絲光線的精緻度，其鋒利度讓指甲在剪下的瞬間可以達到幾乎無聲，切口光滑平整，剪完無須再使用指甲銼磨平。

廠區內依動線自由參觀，大廳展示了從創業至今所製作的各款商品，讓遊客對於指甲刀等用品的今昔變化一目了然，並可實地參觀燒鐵、打磨成型、部品加工、鍛造、研磨、檢品等過程，要注意的是，因為工作人員進行的是精細作業，拍照時請勿使用閃光燈。

附設的商店是熱門購物站，有各種款式和功能的指甲刀，還可以客製化刻上名字，很適合作為伴手禮。

1. 諏訪田製作所是一間世界知名的工具廠商／2,3. 職人在打磨時的專注神情／4. 商店的主打商品還是各種款式的指甲刀／5. 購買的指甲刀還可以現場請店家刻字／6. 工廠大廳展示櫃展示了創業至今的各種商品

snow peak

露營界的高級潮牌

http snowpeak.co.jp／新潟縣三条市中野原 456／(0256)41-2222／09:00～19:00／自駕／1小時

snow peak 可以說是高級露營用品的代名詞，由山井幸雄於 1958 年創立，當時他還是一個熱愛山岳峽谷的工具中盤商，因為不滿意當時登山用品的水準，想要創造出自己喜歡的產品，於是開始原創一些登山用品，並且活用燕三条當地金屬職人的技術，反覆進行實驗，獲得一些同好的注目。1963 年正式註冊 snow peak 商標，並在 1976 年成立自家的工廠。

在燕三条這個擁有頂尖金屬工藝的地區，snow peak 在露營用品領域獨霸一方。總部位在三条市的偏僻丘陵地帶，這裡結合店鋪、辦公室和占地 5 萬坪的露營區。除了可以租借營地自行搭營或租借住箱（即移動住所）之外，snow peak 也大力推廣「空手露營」，客人只需攜帶野炊的食材，其他東西都不用準備，員工會備妥帳篷、睡袋、炊具等用品，指導遊客如何搭營。

並非所有遊客都喜歡自己動手搭營、野炊，因此 snow peak 新潟總部的最新設施 FIELD SUITE SPA HEADQUARTERS 提供另類選擇，這是結合住宿、餐飲、溫泉的複合型設施，主打在大自然中讓五感放鬆的度假型態，適合想要住得像飯店一樣舒服、又想要享受大自然的遊客。

1

3

2

1.snow peak 是野營界的知名品牌，總部就位在三条市／ 2. 最新設施「FIELD SUITE SPA HEADQUARTERS」／ 3. 夜幕低垂時，snow peak 總部露營區的景色／ 4. 店鋪內販售各種野營用品／ 5.snow peak 空手露營方案，只需要自己動手搭建，有專業人員指導，小朋友也可以輕鬆完成搭營／ 6. 在 snow peak 輕鬆快樂地露營

6

5

4

玉川堂

獨一無二的錘起銅器技術

http gyokusendo.com／新潟縣燕市中央通2丁目2-21／(0256)62-2015／08:30～17:30／自駕／1小時／參觀工坊可以拍照，但不可攝影及使用閃光燈

江戶時代初期，流經燕三条的信濃川每隔3年就會氾濫一次，屢屢重創當地農業。地方官員為了拯救農民，把江戶（現在的東京）的鍛造金屬職人請到燕三条，指導農民鍛造技術，在政府的引導下，人們開始利用「銅」製作裝飾神社的配件。

18世紀，附近的彌彥山發現銅礦，更促進當地的銅工藝發展。明和5年（1786年）仙台的流動匠人藤七，引進利用鐵錘敲製銅板使之捲縮成型的錘起製作技術，經過玉川堂的第一代老板的傳承，製作起水壺、銅鍋等民生用品，並從第二代開始，將銅製品提升轉變到可供觀賞的美術工藝品，目前已經傳承到第七代。

玉川堂創於1816年，在昭和55年（1980年），錘起銅器技術被文化廳指定為「需要採用記錄等方式來保存的無形文化財產」，被視為是一種需要保留傳承的技藝。

每天擦拭保養銅器，色澤會越來越深，表面也越來越光亮。在玉川堂的燕市本店，一天有5個時段可以參觀工坊的銅器製作過程，看到職人戴上耳塞，對每一塊銅片敲打上萬次，在一錘一打之間，為冰冷的銅板注入生命。

1

2

3

4

5

1. 玉川堂職人將銅器進行燒製／2. 職人示範銅器的錘打／3. 玉川堂職人專注地進行銅器製作／4. 休憩室裡的銅器已有百年歷史，卻越用越有光澤／5. 玉川堂的銅器製品

三条スパイス研究所

三条香料研究所

在木造空間中悠閒享受異國料理

http spicelabo.net／新潟縣三条市元町11-63／(0256)47-0086／10:00～20:00／JR彌彥線「北三条站」徒步2分鐘／1.5小時

位於三条市公共設施まちなか交流広場ステージえんがわ裡面，主要供應的是加入各種香料調味的異國料理，尤其是以印度咖哩為大宗，除了香料，蔬果食材全部來自於三条市，非常受到歡迎，也被選為2020年米其林推薦餐廳。

三条香料研究所旁邊的停車場空間還有傳統的「二七市」，也就是每月的2、7、12、17、22、27日這幾天，停車場會變成傳統市集，也歡迎大家來感受傳統市集的氛圍。

1,2. 三条香料研究所提供以印度咖哩為主的各種香料料理

Tsubamesanjo Bit 燕三条本店

在美食中傳達燕三条的魅力

http bit-tsubamesanjo.gorp.jp／新潟縣三条市須頃1-17／(050)5487-6898／午餐11:30～15:00，晚餐18:00～23:00／JR「燕三条站」徒步3分鐘／1.5小時

知名洋食餐廳Tsubamesanjo Bit最初是開在新潟市區，燕三条出身的秋山主廚認為燕三条的食器，品質世界首屈一指，於是店內全部採用燕三条的高級食器，加上主廚本身精湛的廚藝，這間店很快就造成話題。

3年後又在東京銀座開了2號店，將燕三条的魅力傳達到首都圈。最後，秋山主廚選擇回到他的故鄉燕三条開了Tsubamesanjo Bit，這是超過100席座位的旗艦店，店內所有的裝飾擺設及餐具，全部由本地的名店打造，呈現出的高級質感令人驚豔不已。

1.Tsubamesanjo Bit的門口看板／2.店內使用的都是燕三条製的食器／3.美味的餐飲搭配高貴的餐具

Restaurant UOZEN｜魚善

遠離塵囂的米其林法式料理餐廳

http uozen.jp／新潟縣三条市東大崎 1-10-69-8／(0256)38-4179／12:00～15:00；18:00～22:00／JR信越本線或彌彥線「東三条站」徒步25分鐘／2.5 小時／需事先訂位

縣內最頂尖的法國料理餐廳，位在一片稻田的中央，看起來像是民宅的屋子裡，竟然隱藏了一間米其林二星餐廳。內部裝潢保留法式料理的優雅感，隨處吊掛的動物標本卻流露出另一種野性的氛圍。

來自香川縣的井上和洋主廚，原本在東京的有機野菜餐廳擔任主廚，工作雖然穩定但是心中卻一直有個願望，希望能在充滿大自然的環境裡做料理。這樣的願望，最終在妻子的娘家新潟縣實現了。

井上主廚在岳父母結束日本料理店生意後，接手了這間小店，並改造成法國料理餐廳。有感於三条的食材資源十分豐富，因此開始開墾自家農園、隨著漁船出海捕魚，甚至取得了狩獵的執照。冬天狩獵、春天摘取山菜野菇、夏天在河川釣香魚、秋天收成自家農園的蔬果，每一個收穫都化成餐桌上的佳餚，也隱藏著井上主廚對夢想的堅持。

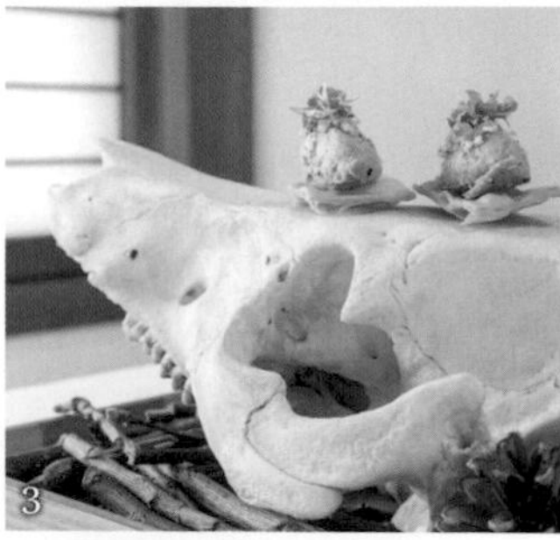

1.Restaurant UOZEN 的外觀就是一間鄉下民宅／ 2. 一間被田園包圍的法式料理餐廳／ 3. 用野獸的頭骨當成餐盤別具巧思／ 4.Restaurant UOZEN 的法式甜點也別出心裁

旅遊 Spotlight

黑色的鐵粉美食

燕三条地區以金屬鐵器製作而聞名，為了吸引遊客，近年來也陸續出現各種以「鐵」為主題的相關商品，例如鐵粉冰淇淋、鐵粉咖啡等，這些相關商品在國道休息站國上、國道休息站漢學之里下田（道の駅漢學の里しただ），以及國道 8 號沿線上的農產物直賣所たいまーと都可以買到。

撒了鐵粉的燕三条鐵粉冰淇淋

田上

縣中央小鎮坐擁豐富天然資源

湯田上溫泉

山腰處的閑靜溫泉鄉

http e-tagami.jp／📍新潟縣南蒲原郡田上町大字田上／☎(0256)57-6225(田上町觀光協會)／➡JR信越本線「田上站」搭計程車5分鐘

位於田上町護摩堂山的山腰處，可以一覽新潟平原的明媚風光。在全盛時期建有72座寺院，據說在這裡的修行者為了恢復修行後的疲憊，使用從山麓湧出的溫泉，就是湯田上溫泉的起源。當時修行僧人在此入浴，溫泉的治癒效果良好，被當地人稱為「藥師之湯」，也保留了「丑湯」的習俗(就是在夏季最熱的丑日泡溫泉，可以健康過完一整年)。

湯田上溫泉歷史久遠已不可考，現存古書中記載元文3年(1738年)新發田藩批准此地作為溫泉療養地。在明治20年(1891年)發行的《諸國溫泉一覽》，湯田上溫泉和全國數百個溫泉地一起名列在冊。這裡的溫泉還取得飲泉許可，是可以喝的溫泉水。

1. 湯田上溫泉的高級旅館小柳／2. 湯田上溫泉位在護摩堂山的半山腰，有絕佳的視野

椿寿荘

越後地區豪農的大器宅邸

📍新潟縣南蒲原郡田上町大字田上丁2402-8／☎(0256)57-2040／🕘09:00～16:00／➡JR信越本線「羽生田站」徒步1.2公里

大正時代(20世紀初期)，全日本擁有500公畝以上土地的大地主，有一半以上在新潟；擁有1,000公畝以上土地的超級大地主，新潟就有5名，位於田上的田巻家就是其中之一。椿壽荘是田巻家耗時3年半建造的豪宅，建材極其講究，氣派的日式風格以及典雅的枯山水庭園，無不令人讚嘆。

1. 日式庭園整理得非常優雅／2. 椿壽荘大門的夜晚點燈／3. 田上町出產竹子，椿壽荘的庭園在夏季會展示竹雕點燈

寺泊

碧海、古寺和溫泉共存的港口小鎮

1. 寺泊魚市場是在國道 402 號沿線多家海鮮店相連的地方／2. 寺泊海鮮店的樓上通常有附設餐廳／3. 金八是推薦老店／4. 市場販賣新鮮又便宜的各種海鮮／5. 遊客可盡情享受各種新鮮海鮮

寺泊魚の市場通り

寺泊魚市場

絕對能滿足口腹之欲的海鮮市場

新潟縣長岡市寺泊下荒町／08:30～17:00／JR越後線「寺泊站」搭計程車10分鐘／1.5小時

寺泊魚市場（寺泊魚の市場通り）又稱作魚的阿美橫（魚のアメ横），在寺泊港附近，國道402號沿線約有11間海鮮店相連，店員的叫賣聲、燒烤的香氣、遊客愉快滿足的表情，讓這裡更顯得生氣蓬勃。

這裡的海鮮非常便宜，尤其是松葉蟹，依照身形大小、公蟹母蟹而有不同的價格，比一般超市便宜很多，有時甚至會出現5隻松葉蟹只要500日圓的超低特價。海產店的2樓幾乎都是店家的附設餐廳，價格合理，料理新鮮美味。其中角上魚類海鮮店2樓的海鮮茶屋汐の華，販售配有一整隻松葉蟹的拉麵，噱頭十足的擺盤成為觀光客愛點的菜色，是熱門的拍照打卡主題。

在山六水產的1樓可以自製海鮮丼，只要先向店家購買白飯和味噌湯，再到海產店內買切好的各式生魚片，就可以自己組合成一碗個人化的蓋飯。

寺泊最有名的是一種叫做浜焼き的炭烤海鮮，整條魚、蝦、貝、花枝等幾乎什麼海鮮都能烤，大部分的海產店前都有這種攤位，金八和中央水產是推薦老店。

西生寺

瞻仰日本最古老的即身佛

saisyouji.jp／新潟縣長岡市寺泊野積 8996／(0258)75-3441／自駕／1小時

西元 733 年行基上人開山的西生寺，在 1145 年時搬到現址，位在彌彥山靠日本海側的山腰上，又被稱為日本海的鎌倉，是越後地區屈指可數的古剎，親鸞上人、松尾芭蕉、良寬和尚等高僧名人都曾到訪。

但西生寺最為人津津樂道的是寺內有一座日本最古老的弘智法印即身佛。即身佛俗稱肉身菩薩，就是出家修行的人歷經極為嚴苛的修行過程和體悟，往生之後肉身不腐呈現木乃伊的狀態。目前日本大約有20餘尊即身佛，大多是江戶時代之後的修行者（距今約 200～300 年前）。西生寺的弘智法印即身佛是日本唯一鎌倉時代的即身佛，距今 650 餘年。佛寺旁展望台可以遠眺日本海，景色迷人，是新潟縣景勝百選第八名。

1

2

3

1. 西生寺的正門／ 2. 寺內巨大的弘智法印雕像
3. 西生寺旁的海景為新潟縣景勝百選的第八名

寺泊水族博物館

和海星、海參面對面接觸

aquarium-teradomari.jp／新潟縣長岡市寺泊花立 9353-158／(0258)75-4936／09:00～16:30／成人 700 日圓；中學生 450 日圓；小學生 350 日圓；3 歲以上幼兒 200 日圓／JR越後線「寺泊站」搭計程車 10 分鐘／1.5 小時

1983 年開館，展示 5,000 種海水魚、淡水魚、甲殼類等海洋生物，規畫了餵食秀、射水魚(鐵砲魚)的餌食射擊秀，以及可以直接觸摸海星、海參的水槽設施，成為該水族館的特色。天氣晴朗時，從 4 樓的展望室可以遙望能登半島和佐渡島。

1

3

2

1. 寺泊水族博物館外觀／ 2,3. 館內展示多種海洋生物，深受小朋友喜愛

新潟縣最知名的能量景點

越後一宮弥彥神社

求平安、求姻緣的 祈福聖地

新潟縣的神社數目高居日本第一，彌彥神社更是參拜人數最多的能量景點，每年參拜人次超過百萬，尤其是新年期間的參拜者人數為縣內第一。

彌彥神社的歷史可以追溯到 2,400 年前，祭祀的是天照大御神的曾孫天香山命，相傳祂也是越後地方的開拓者，教導居民農耕、種稻與釀酒。一般到神社參拜都是「二敬禮、二拍手、一敬禮」，但是彌彥神社是縣內位階最高的神社，到此參拜時需要「二敬禮、四拍手、一敬禮」！

作為新潟最有名的能量聖地，許多人會到彌彥神社求姻緣並掛上結緣繪馬，神社販賣的「戀御守」也是這裡的人氣商品。

1. 神聖莊嚴的彌彥神社是新潟的能量點／2. 參道兩旁有許多 400 年以上的杉樹和檜木／3. 許多人來神社求姻緣，掛上結緣繪馬

yahiko-jinjya.or.jp ／ 新潟縣西蒲原郡彌彥村彌彥 2887-2 ／ (0256)94-2001 ／ JR 彌彥線「彌彥站」徒步 15 分鐘／ 1 小時

神社境內精采的景點與活動

彌彥神社面積近 4 萬坪，自然景觀豐富，建築莊嚴典雅，推薦值得一遊的景點與活動包括：

溫泉街

神社前的參道就是彌彥溫泉街，這裡溫泉的最大特色是水質觸感柔和、低刺激性，屬於鹼性泉質的美肌之泉，這條街道也充滿了日式風情。

櫻花季

神社內種植了約 50 種櫻花，從早開的彼岸櫻到晚開的八重櫻等皆有，自 4 月～ 5 月上旬各種櫻花競相綻放，為神社增添浪漫的春天氣息。

菊花祭

每年 11 月神社會舉辦日本最大規模的菊花展「彌彥菊花祭」，展期約 3 個星期，參展的菊花必須經過審核後才能展出。最令人驚豔的是現場用 3 萬朵小菊花插條製作的「大風景花壇」，年年主題不同，氣勢非凡。

彌彥神社大鳥居

昭和 57 年 (1982 年) 為紀念上越新幹線開通而建造的彌彥神社大鳥居，高 30.16 公尺，是日本第三高的鳥居，從鳥居看過去就是彌彥山。

第一鳥居

在參道入口，高 8.5 公尺，柱間距離 6 公尺，是兩部型鳥居的建築型式，主柱材質是檜木。明治 45 年 (1912 年) 彌彥神社曾遭逢大火，直到大正 5 年 (1916 年) 才重建。

玉之橋

玉之橋又稱太鼓橋。明治 45 年 (1912 年) 彌彥神社火災中唯一倖免於難的就是這座橋，因此傳說此橋具有避火神力。這座紅色拱橋是為神明設置，一般人不能行走。

火之玉石

又稱「重輕之石」，是兩塊大小相仿、重量相近的石頭。傳說在心中誠心許願後，如果可以輕鬆拿起石頭，代表心願可望實現；如果覺得很重捧不起來，願望會落空。

雞舍與鹿苑

雞是天照大御神神話裡的動物，這裡有一般神社少見的雞舍，飼養了各品種的雞，包括罕見的新潟縣天然紀念物蜀雞。雞舍旁便是鹿苑，鹿是神的使者，社內養了一群溫馴的鹿隻。

越後湯沢、魚沼、南魚沼
十日町、津南

越後湯澤、魚沼、南魚沼、十日町、津南等地區位於新潟縣的「豪雪帶」，冬天的豪雪成為春季豐沛的灌溉來源，加上氣候和地形條件，這一帶種植的越光米品質特別好，尤其是南魚沼生產的更是越光米中的極品。

此外，這裡的河川、山谷和丘陵地多，自然景觀特別豐富，也成為知名的大地藝術祭的展場。由於是豪雪帶，冬季的降雪量非常可觀，因此在越後湯澤和魚沼一帶，有很多的滑雪場，冬季的觀光業十分發達；又因為此區多為山地，珍貴的山菜產量豐富，是春天限定的珍饈。

分區地圖

1. 八海釀造的產品，最有名的一款是「八海山」／2. 行駛在魚沼的只見線列車

越後湯沢

遙想諾貝爾文豪川端康成的雪國歲月

1. 從高半旅館欣賞越後湯澤的日出／2. 高半旅館外觀
3. 旅館保留了文學家川端康成當年居住及寫作的房間／4. 高半旅館內藏書極多

高半旅館

文豪川端康成的繆思之地

http takahan.co.jp／新潟縣南魚沼郡湯澤町湯澤923／(0257)84-3333／上越新幹線、JR上越線「越後湯澤站」搭計程車5分鐘（住宿客可請旅館接送）

這是當地最古老的旅館，900年前，高半旅館的祖先在前往關東的路上，因為急病被迫在此地停下來，意外發現了溫泉的源頭，開啟了越後湯澤溫泉的序幕。這裡的硫磺泉泉水清透，泉質極好，終年維持適合泡湯的43度，又稱為卵之湯。由於是自家的源泉，不會與其他旅館共用，定時會派人到源頭清掃乾淨。

但讓高半旅館更聲名遠播的，是川端康成曾在此停留3年，完成了《雪國》一書，不但拍成電影，他還以《雪國》、《千羽鶴》、《古都雪國》等著作獲得諾貝爾文學獎。如今高半旅館內有個川端康成文學資料館，將當年川端康成住宿、寫作的房間和相關手稿、報紙報導等，全數保留下來，每天晚上8點還會放映《雪國》電影。

高半旅館不但溫泉特別好，它的露天風呂還曾被JR公司拿來當宣傳照。書房藏書十分豐富，整間旅館充滿著文學氣息。另外，旅館就位在山腰上，可以俯瞰整個湯澤町，黎明時分太陽從遠方的山頭升起，又是另一個絕景了。

雪国館

重現文學名著《雪國》的風華

http e-yuzawa.gr.jp/yukigunikan／📍新潟縣南魚沼郡湯澤町湯澤354-1／☎(0257)84-3965／🕘09:00～17:00／$成人500日圓；中小學生250日圓／⇨上越新幹線、JR上越線「越後湯澤站」徒步10分鐘／⌛0.5小時

在越後湯澤停留3年，文學家川端康成完成了《雪國》這本巨作，雪國館就是以此為名，展示雪國湯澤的歷史與居民生活方式，又被稱為湯澤町歷史民俗資料館。

全館共有3個樓層，接待中心位於2樓。1樓是描述川端康成筆下《雪國》的世界，包括還原了小說女主角駒子的房間、以雪國為主題的14幅日本本畫，還有川端康成的書法及遺物。2、3樓則展示湯澤在明治、大正及昭和初期的農具、古錢等生活用品，一探傳統民俗文化。

介紹雪國人民生活方式的雪國館

湯沢高原パノラマパーク

湯澤高原 Panorama Park

被大自然擁抱的世界最大高空纜車

http yuzawakogen.com／📍新潟縣南魚沼郡湯澤町湯澤490／☎(0257)84-3326／⇨上越新幹線、JR上越線「越後湯澤站」徒步8分鐘／⌛2小時

在熱鬧的越後湯澤溫泉街上，可以搭乘號稱是世界第一大的纜車，全長1,300公尺，可容納165人，約7分鐘就可以抵達標高1,000公尺的高原纜車站。

抵達山頂後，這裡有商店、餐廳等，還有刺激的滑坡道、林間滑索道等各種山林自然冒險活動與遊憩娛樂設施，空氣清新，還可以觀賞高原的植物花卉，彷彿在雲端享受一場特別的旅行。

2

1

1. 近年來爆紅的打卡點／2. 搭纜車直上湯澤高原，俯瞰湯澤町

CoCoLo 湯沢

車站內的人氣賣場

新潟縣南魚沼郡湯澤町湯澤 2427-1／(0257)84-4499／10:00～18:30／上越新幹線、JR上越線「越後湯澤站」直結／2小時

越後湯澤是本縣極具知名度的觀光景點，尤其是冬季的時候，因為有雪景也有溫泉，總是吸引大批的觀光客來此滑雪，光是車站裡面的賣場「CoCoLo 湯澤」就非常好逛了。

CoCoLo 湯澤的名物是用魚沼越光米做成的爆彈飯團，一個飯團有1量米杯的分量，依內餡材料的不同，飯團價格從 370 日圓～ 830 日圓不等，還會附贈一碗味噌湯。最具噱頭的爆彈飯團，是用 4 量米杯的米做成的一顆「大爆彈飯團」，裡面有 5 種配料，這樣的一顆巨無霸爆彈飯團要價 2,200 日圓，仍吸引很多遊客前來挑戰完食。

如果要買本地名產魚沼越光米的話，車站內有很多品牌可以選購，還提供退稅服務，相當划算。

對於愛酒的人來說，絕對不能錯過的是用 500 日圓就能品嘗到 5 種地酒的「越後乃酒蔵唎酒番所」，這裡一共有一百多種新潟地酒，包括季節限定和數量限定的品項，供遊客盡興品嘗。

賣場內還有一個「日本酒風呂」，想要消除旅行帶來的疲憊，或是利用候車的空檔，都可以去泡一下湯，舒服又方便。

3

1

2

1.CoCoLo 湯澤的入口／ 2. 越後湯澤車站前的光景／ 3. 在越後乃酒蔵唎酒番所，以 500 日圓就能品嘗 5 種地酒／ 4.CoCoLo 湯澤內也有泡溫泉的地方／ 5. 最受人矚目的大爆彈飯團／ 6. 最有人氣的伴手禮就是這款加了日本酒的蛋糕

6

5

4

苗場ドラゴンドラ

搭纜車欣賞秋天紅葉絕景

http princehotels.co.jp/ski/naeba/dragondola／新潟縣南魚沼郡湯澤町三國202／(0257)89-2211／09:00～15:00／秋季成人3,800日圓，小學生2,200日圓（來回票）；春季成人2,500日圓，小學生1,300日圓（來回票）／上越新幹線、JR上越線「越後湯澤站」搭公車45分鐘／2小時

秋天的時候，越後湯澤這一帶會被一片紅葉包圍，此時最推薦的賞楓行程就是到苗場滑雪場搭乘龍纜車(Dragondola)。龍纜車全長5,481公尺，一個車廂可以搭載8人，乘坐單趟需要25分鐘。纜車行駛於苗場高原和田代高原之間，可以眺望雄偉的平標山和神祕的二居湖，綿延不絕的紅葉映入眼簾，是每年秋天不能錯過的絕景。

龍纜車沿線最漂亮的地方，是在第14根電纜柱的位置，在這個景點可以同時看到河川、溪谷和高山的美景。如果買來回票，回程還可以選擇搭乘另一個田代纜車到達神樂滑雪場，再搭乘接駁巴士回到苗場。田代纜車的特色是離地高度最高可達230公尺，長度為2,175公尺，一台車可以搭載91人，單趟約10分鐘。

1,2. 搭乘龍纜車可以欣賞到秋天的絕景／3. 轉換田代纜車會經過美麗的二居湖

越後湯澤溫泉街上最古老的餐廳

旅遊 Spotlight

位於越後湯澤車站西口出來的溫泉街上，一二三居酒屋已經經營三代，開店近90年。在這裡可以吃到新鮮的海鮮料理，是這一區歷史最悠久的餐廳呢！

1. 一二三居酒屋外觀／2,3. 居酒屋提供新鮮美味的海鮮料理

魚沼、南魚沼

新潟生產高級越光米的代名詞

南魚沼本気丼

官方舉辦的越光米推廣活動

http majidon.jp／參考官網公告

南魚沼產的越光米品質頂尖，售價也比較高，用這種充滿光澤、彈性與香氣的日本第一越光米，集合了料理人的本氣(使盡全力之意)，做出一碗碗滋味超棒的蓋飯，就是南魚沼獨有的本氣丼。

每年10月的「南魚沼本氣丼」是官方推動的活動，活動期間通常持續5個月左右，主題是「只有在產地能做到的事」。為了提高日本第一越光米的品牌力，每年集合了數十家餐廳推出該店最具代表性的蓋飯，也希望各地客人都能來品嘗越光米的美味。

1. 參與本氣丼活動的店家會在門口插上旗子／2,3. 參與活動的店家會推出該店最具代表性的蓋飯

雲洞庵

中越地區最美麗的一座庵寺

http untouan.com／新潟縣南魚沼市雲洞660／(0257)82-0520／4～11月09:00～17:00；12～3月09:30～16:00／成人300日圓，小學生100日圓／JR上越線「鹽澤站」搭計程車10分鐘／2小時

號稱越後第一禪寺、日本第一庵寺，雲洞庵環境極為雅緻。從山門通往大殿的石板路，下方藏著一部法華經，用一顆石頭寫一個字，把一部法華經抄完，然後再把這些石頭鋪在石板路下，極為莊嚴殊勝。

雲洞庵境內有許多楓樹，秋天一片火紅映照著古樸的佛寺建築，引人入勝。特別的是，這裡還有許多蘚苔類植物，除了地面，庭園內的佛像也覆滿了蘚苔，加上來此參拜的遊客不算多，讓雲洞庵顯得更加清幽絕世。

1. 雲洞庵境內的佛像十分莊嚴殊勝／2. 雲洞庵古樸的大門／3. 石板路下隱藏了一部法華經

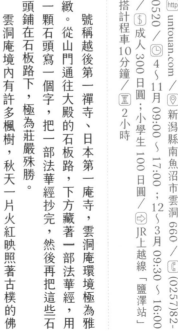

三国街道塩沢宿牧之通り

再現豪雪地帶特有的街道建築

新潟縣南魚沼市塩沢 1112-32／JR上越線「塩沢站」徒步5分鐘／1.5小時

在古代連結日本海與江戶（東京）的三國街道是交通要塞，鹽澤地區則是三國街道的宿場町（即古代騎馬往來辦公、傳遞訊息的驛站），在新潟還可以看到古代宿場町風情的就是牧之通了，地名出自商人兼文學家鈴木牧之，他寫了《北越雪譜》一書，是江戶時期描述越後生活的名著。

牧之通是個小商店街，過去的繁華創造出越後上布、塩沢紬等布料，是登錄聯合國無形文化遺產的工藝品。為了傳承歷史並活化社區機能，政府將這一區重新翻修，除了重視外觀，也打造能讓居民安心、安全行走的空間，例如這邊的建築特色雁木，是為了擋雪的特別設計，可說是雪國獨有的宿場町，並獲得2015年亞洲都市景觀賞大獎、2011年日本都市景觀大賞、全國街道事業賞等的肯定。

1. 在牧之通可以看到非常漂亮的雁木建築／2. 青木酒造是在牧之通上有名的酒造

ECHIGO WINERY

置身豪雪帶的酒莊

echigowinery.com／新潟縣南魚沼市浦佐 5531-1／(0257)77-5877／09:30～17:00／上越新幹線、JR上越線「浦佐站」徒步20分鐘／1小時

從新幹線浦佐站步行20分鐘就可以抵達，設有冰庫，用雪來儲藏、保存酒莊所釀造的酒，就算是炎夏也可以讓儲藏室的溫度保持在6度以下。酒莊有提供酒品試喝活動，還開設一間充滿異國情調的義式餐廳。

1.ECHIGO WINERY 是在豪雪帶的紅酒酒莊／2. 店內除了各種紅酒之外，也販售當地的土產／3. 有直營餐廳可品嘗美酒與佳餚／4.ECHIGO WINERY 用雪塊儲存紅酒的酒窖

永林寺

收藏最多石川雲蝶雕作的寺院

http eirinji.jp／新潟縣魚沼市根小屋1765／(0257)94-2266／4～11月09:00～16:30；12～3月10:00～15:00／中學生以上500日圓；小學生100日圓／上越新幹線、JR上越線「浦佐站」搭計程車20分鐘／1小時／寺內禁止攝影

石川雲蝶（1814-1883年）被稱為越後左甚五郎，或日本的米開朗基羅，是當時越後國（現今的新潟）非常有名的雕工，縣內許多佛寺都可以看到他的作品，其中最有名、收集最多作品的就是永林寺和西福寺。

永林寺的外觀看似普通，卻是擁有最多雲蝶作品的地方，最受人注目的雕刻包括〈雲水龍〉、〈迦陵頻迦〉、〈香爐台（天の邪鬼）〉與〈天女〉，尤其〈天女〉是寺裡最知名的作品，作品中共有4位天女，從各種角度來看都能感覺到她們的不同表情。

1

2

1. 進入永林寺的拜觀證上就是石川雲蝶的作品〈天女〉介紹，傳說天女的模樣是當時雲蝶的愛人／2.〈香爐台（天の邪鬼）〉，是雲蝶晚年作品，據說是以江戶時代的帥哥作為原型雕刻而成（翻攝自石川雲蝶作品集）

西福寺

來佛寺看雕刻大師石川雲蝶之作

http saifukuji-k.com／新潟縣魚沼市大浦174／(0257)92-3032／3～11月09:00～15:30；12～2月10:00～15:00／成人500日圓；中學生300日圓；小學生以下免費／上越新幹線、JR上越線「浦佐站」搭計程車10分鐘／1小時／寺內禁止攝影

西福寺開山堂裡的石川雲蝶作品更是一絕，更令人震撼的代表作是在開山堂的天花板，雕刻的故事是道元禪師擊退猛虎、天龍都來助陣的畫面，讓本堂獲封「越後日光開山堂」之稱。另外，開山堂裡頭還有高達2公尺以上的〈鬼退治仁王像〉雕刻，這個作品和永林寺的〈天女〉都出現在JR鐵道公司的宣傳海報中。

要注意的是，永林寺與西佛寺展出的石川雲蝶作品都禁止拍照，有興趣的遊客可以買照片集回去收藏。

1

2

1. 西福寺開山堂入口／2. 開山堂天花板的畫作（翻攝自石川雲蝶作品集）

魚沼の里

在知名酒藏的主題公園享受美酒

http uonuma-no-sato.jp／新潟縣南魚沼市長森／(0800)800-3865／10:00～17:00／上越新幹線、JR上越線「浦佐站」搭計程車15分鐘／3小時

這是知名酒造八海釀造所經營的主題式公園。八海釀造的所在地在八海山山麓，最有名的一款酒叫做八海山。酒造園區很大，包括八海山雪室、猿倉山啤酒釀造所、蕎麥麵店、社員食堂等20餘處，最知名的就是八海山雪室。

八海山雪室是一個雪中儲藏庫，每天有10個時段接受參觀。雪室內常年儲存1,000噸的雪，讓室內保持4度的恆溫，八海釀造製造的日本酒就放在這裡熟成，如果還有多餘的空間，就用來儲存紅蘿蔔之類的耐寒蔬菜。

雪室出口通向試飲區，可以試喝並購買八海釀造的酒，其中有一款本店限定酒「面向未來」，屬於「預定酒」，也就是在訂購後，當場指定送貨時間，可以是數月、數年之後，或是數十年後的某一個紀念日，到了那一天就會收到酒，在這之前，八海山會把預定酒存放在酒窖。

大家的社員食堂（みんなの社員食堂）是八海釀造公司的員工餐廳，中午時段也對遊客開放，讓大家體會員工吃到好吃午餐的快樂心情。魚沼之里還有許多小店，值得花半天的時間到此探訪喔！

1

2

3

4

5

6

1. 八海釀造的酒桶／2. 大家的社員食堂的好吃午餐，豬排是用八海山的酒粕醃漬而成的／3. 用啤酒酵母製作的麵包也非常有人氣／4.「面向未來」是一款雪室限定販賣酒／5. 八海山雪室儲存了1,000噸的雪／6. 猿倉山啤酒釀造所的產品

十日町、津南

嚴峻的地形與氣候造就無敵美景

1. 日本三大峽谷之一的清津峽／ 2.「水盤鏡」的設計可以將眼前的美景倒映在水中／ 3. 隧道內有各種藝術創作

清津峽

宛若藝術品的自然美景

http nakasato-kiyotsu.com ／ 📍新潟縣十日町市小出癸 2126 ／ ☎ (0257)63-4800 ／ 🕒 08:30 ～ 17:00(最後入場時間 16:30) ／ $ 高中生以上 1,000 日圓；中小學生 400 日圓／ ➡ 上越新幹線、JR上越線「越後湯澤站」搭公車（清津峽入口下車）徒步30分鐘／ ⌛ 2小時

是日本三大峽谷之一，本來沿岸有步道，但春天易有雪崩、平時有落石掉落，危險性高。1988 年發生落石致人死亡的意外之後，就完全封閉這條步道，遊客只能走到清津峽溫泉街的盡頭，就不能再往前走。但因為清津峽實在太美了，尤其是峽谷兩旁的柱狀節理岩非常特別，遊客和商家都希望能再現清津峽的風光，經過多次評估後，為了安全考量，不可能重建步道，唯一的方式就是增建一條行人專用隧道，歷經 8 年的時間，清津峽溪谷隧道終於在 1996 誕生，全長 750 公尺，共有 3 個見晴台和一處位於終點的展望台，可以飽覽整個清津峽的風光，也解決了先前大候、落石問題，以及階梯、碎石等不利輪椅族通行的限制，變成一個設計特別又兼顧安全的景觀隧道。

在越後妻有大地藝術祭的作品中（詳見 P.165)，最受歡迎的就是從這個清津峽溪谷隧道發想出來的創作，陳列在隧道終點，透過「水盤鏡」的布置，將眼前美景完美地倒映在水面上，極力推薦遊客來此欣賞峽谷景色與藝術創作。

秋山郷

日本祕境百選之一的深山村莊

新潟縣津南町秋山郷／JR飯山線「津南站」搭計程車40分鐘／3小時

近幾年才較廣為人知的秋山郷，是信濃川支流中津川上游流經的深山村莊，再過去就是長野縣的榮村。是日本祕境百選之一。

地處偏遠，沒有太多的人為干擾，豐富的自然資源和繩文時代留下的歷史文化，讓秋山郷充滿魅力。津南町和長野的榮村共同成立了信越秋山郷會，致力推廣此地的觀光魅力。本郷著名的景點，如前倉橋、見玉不動尊山門、津南見玉公園等，都很值得參訪，這裡的祕境溫泉也很受歡迎。

1. 秋山郷入口的招牌／ 2. 秋山郷知名景點「前倉橋」／ 3. 中津川溪谷的紅葉／ 4. 猿飛橋下的溪谷也是人氣的拍照點

龍ヶ窪の池

流傳著龍的傳說之神祕水池

龍窪之池

新潟縣津南町谷内／JR飯山線「津南站」搭計程車15分鐘／1.5小時

自古以來，這個被大自然圍繞的水池就充滿著神祕感，每天湧出的水量可達43,000噸，這麼大出水量且泉質乾淨清冽的湧泉非常少見，1985年獲得日本環境廳列為日本名水百選之一。龍窪之池湧出的水可以直接飲用，也可以攜帶容器把水裝回家。多年以來流傳著許多神祕傳說，當地的神社在每年7月都會為這個聖池舉辦祭典。

龍窪之池是在深山中的神祕水池

越後妻有里山現代美術館 MonET

在農村遇見現代藝術

新潟縣十日町市本町 6-1 丁目 71-2／10:00～17:00（最後入場時間 16:30）／成人 1,000 日圓；中小學生 500 日圓／JR飯山線「十日町站」徒步10分鐘／1小時

本館是大地藝術祭的起點，有不少常設作品，最為人知的藝術祭主打作品是「Palimpsest: 空の池」，就是在美術館的1樓有個正方形水池，晴天時還不容易察覺，如果遇到陰天，就算天色灰暗，池子裡反射出來的天空依然一片湛藍，饒富趣味。

美術館裡面有許多藝術作品，例如〈エアリエル〉(Ariel)，這是莎士比亞的悲喜劇作品《暴風雨》裡的空氣精靈，作者受到這個角色的啟發，用降落傘布製作了兩隻精靈，並運用機器操縱精靈的動作與風吹的感覺。

〈Movements〉作品是用成千上萬個時鐘打造出有如椋鳥群般的景象，這個群體看似有共同意志，但實則每個個體都有自己的自由意志，作者想表達的是，有意義與無意義、主體與客體、公與私之間，這些看似互相矛盾的兩極世界，同時存在於里山美術館。而〈Force〉作品是將黑色油脂以細絲狀從天花板緩緩瀉下，流入地板的一個黑池裡，呈現的是「重力視覺化」的概念。

這個美術館是個打破傳統、顛覆想像的藝術中心。旁邊有個國道休息站，販賣當地農產品，也推薦大家順道造訪。

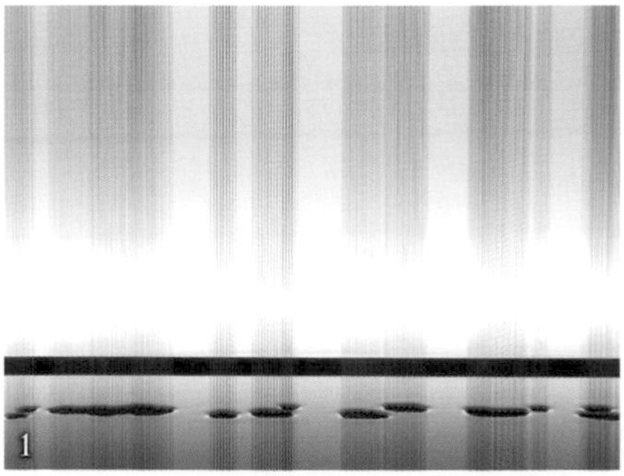

1

2

3

1. 作品〈Force〉／ 2. 作品〈Palimpsest: 空の池〉／ 3. 作品〈Movements〉

美人林

充分享受森林浴的林間漫步

新潟縣十日町市松之山松口1712-2附近／北越急行ほくほく線「松代站」搭往松之山溫泉公車（堺松下車）徒步20分鐘／1小時

位在松之山溫泉北方丘陵地上，是一整片樹齡約100年的橅樹（ブナ）林，林間沒有雜樹，走進去會有一種難以形容的奇幻氣氛，不論是5月上旬的新綠、秋天的紅葉或是冬天的雪景，一年四季都有不同的風情。

星峠棚田

美景如畫的田園風光

新潟縣十日町市峠／北越急行ほくほく線「松代站」搭計程車20分鐘／1小時

高山裡雲霧繚繞，加上層層疊疊的水田，形成一幅奇幻的景象。由於景色美麗，即使地處偏僻，現在也成為一個知名景點。

十日町雪祭

與雪為友、與雪同樂的活動

snowfes.jp/hp

十日町雪祭從昭和25年（1950年）首度舉辦，已經超過70年的歷史。市民「與雪為友、與雪同樂」的想法造就了這個雪祭的誕生，之後就在每年的2月間辦理盛大的雪祭活動，因此十日町市也被稱為現代雪祭的發祥地。

雪祭規模盛大，除了主會場之外，許多大型雪雕的展示區都分散在十日町市內，所以最方便的交通方式是搭乘雪祭的巡迴巴士，一站一站下車步行欣賞。另外，在雪祭期間也會擇日舉辦雪上花火大會，冬天的時候不妨來這裡感受雪國的酷寒與美麗吧！

1. 十日町雪祭主場館入口／2. 用雪搭起的雪祭主場館

駐足新潟

與世界一流的藝術作品相遇

越後妻有大地藝術祭

3 年 1 次的藝術祭

奧運和世界盃足球賽是 4 年 1 次，新潟則是有個盛大活動是 3 年才 1 次，這個活動就是「越後妻有大地藝術祭」。從名字應該可看出這個藝術祭有別於一般在展場或美術館的藝術展，展覽的舞台是整個廣闊的越後妻有地區，也就是十日町市及津南町，號稱是全世界規模最大的藝術展。

活動期間，十日町市和津南町的每個角落都陳列著各式各樣的藝術創作，整個城市就像個大型美術館，展覽的概念為「人是內含於自然界中」，除了達到藝術推廣的目的，也讓參與者可以藉機完成一趟新潟大地的巡禮。

主辦單位所邀請的都是世界知名的藝術家，台灣也有藝術家參展，因為面積廣大，藝術作品數量多，想要完整參與活動，建議最好在這一區至少停留 3 天。

1. 公路旁的河童雕像／2. 清津峽溪谷隧道內的藝術創作 3. 官方推薦的餐廳うぶすなの家，是由數位藝術家聯合打造的再生之地

www.echigo-tsumari.jp/zh-tw

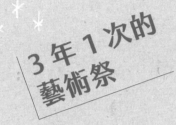

ECHIGO-TSUMARI
ART FIELD

藝術祭的起點越後妻有里山現代美術館キナーレ（照片為美術館內的空の池）

活動範圍遍及六大地區

整個藝術祭的活動範圍，包括了十日町地區、川西地區、津南地區、中里地區、松代地區以及松之山地區等 6 處。

十日町地區

位在信濃川東側，產業以紡織及農業為主，昭和 50 年代進行考古調查時，在十日町的中条發現國寶「火焰型土器」，推定約是 5 千年前、也就是日本繩文時代的產物，十日町的博物館內可看到火焰型土器以及當時的生活模式。

川西地區

位在信濃川的西側，高 50 公尺左右的廣闊台地，之前也曾是信濃川的流域，但因為地殼變動隆起而變成台地，在肥沃的台地上種植越光米，是當地主要的經濟作物。

津南地區

位於新潟縣的南端和長野縣的交會處，冬天時這裡會降下豪雪，夏天則是涼爽的避暑勝地。因為擁有特殊的地形和高原型的氣候，除了稻作之外，其他農作物的產量也很多，各個角落還可以看到繩文時代留下來的遺跡。

松代地區

是周圍被群山環繞的丘陵地帶，自古以來就交通不便，尤其是冬天下大雪的時候很難進入這一帶，所以又被稱為「路上的孤島」。本區的主要產業是稻作，因為是丘陵地，開墾了許多梯田，這裡的農作也幾乎都是種植在梯田上。

中里地區

是信濃川的源頭，還有清津川、釜川、七川等河川流過，豐富的水資源讓這裡非常適合栽種稻米、花卉、青菜等作物。而日本三大峽谷之一的清津峽，也位於此地。

松之山地區

是標高 200 ～ 600 公尺的丘陵地，耕地大多在河流沿岸或陡峭山坡上的梯田，加上冬天會有豪雪，是一個自然環境非常嚴峻的地方。除了稻作之外，這裡最有名的農產品就是山菜。知名的松之山溫泉也是這裡的熱門觀光點。

ECHIGO-
TSUMARI
ART FIELD

在車站附近遇見常設作品

除了活動期間會擺設展覽作品，在展期之外的日子裡，越後妻區也有很多常設作品，非展期間來觀光也看得到。

1

3

2

1,2,3. 以飯山線為舞台的繪本〈幸せのきっぷ Kiss & Goodbye〉就在越後水沢駅／4. 在土市站旁展出的幾米作品，是以魚板型倉庫構想設計的

想要一覽所有的藝術作品，以自駕方式最方便。針對無法自駕的遊客，官方推出巴士旅遊的行程，詳情可以參考官方網站的公告。

如果只是想感受一下氣氛，卻沒有太多時間參加巴士行程的話，主辦單位貼心地將幾個重要的藝術作品擺放在電車站旁，可以就近欣賞，例如〈10th DAY MARKET〉、〈喫茶 TURN〉都在十日町車站旁邊。

在日本也具一定人氣的幾米作品，以飯山線為舞台的繪本「Kiss & Goodbye」就在越後水沢站以及土市站旁展出，除感受當地風情外，或許也可以從幾米的作品中得到勇氣也不一定呢！

4

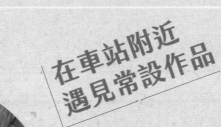

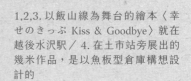

3 年 1 次的越後妻有大地藝術祭，從創作品、周邊環境到細節上的安排，具有一流水準，歡迎熱愛藝術的朋友一起來！

1

2

空間的繪本

是以廢棄小學為舞台的作品，首先要從日本蝮蛇的肚子走進校舍，然後才會遇見繪本的主角 3 個學童。這所學校在廢校前剛好剩下 3 名學生。

1.〈空間的繪本〉以廢棄小學為舞台／ 2. 要看〈空間的繪本〉要先從日本蝮蛇的肚子進到校舍

絵本と木の実の美術館

使用浮木以及果實製作而成的，可能部分遊客會覺得有點可怕，但以整個學校空間作為繪本的作品真的十分有趣呢！

リバース・シティー
巨大鉛筆群

位在松代地區，牢牢釘在鋼柱上的超大鉛筆，離地面大約 2 公尺的高度，每一枝上面都寫著世界各國的國名。由下方往上看極具壓迫感。

磯辺行久記念 越後妻有清津倉庫美術館

磯辺行久原本是以善用徽章來創作而受到注目，近年來則是關注地質、氣象、環境等議題，並積極參與大地藝術祭，創作出與信濃川、土石流等相關主題的作品。

ECHIGO-TSUMARI ART FIELD

熱門藝術作品巡禮

以下精選熱門藝術品，都很值得抽空欣賞：

たくさんの失われた窓のために

強調的是「屬於我的風景」，從這個窗子看出去，外面的風景就是廣大的妻有地區。隨風飄逸的窗簾、不打擾自然的設計，如同一朵小花低調地綻放，希望可以帶給訪者陽光和里山的清風。

農舞台

在松代地區，作品包括草間彌生的〈花咲ける妻有〉以及 Ilya Kabakov 的〈梯田〉，歌誦傳統農家的農耕情景，在農田上面放置耕耘者的雕刻，不但符合〈農舞台〉精神，更是融合各種藝術表現的超級傑作。

1.〈農舞台〉建築物本身就是藝術祭的作品／2. 農舞台內的餐廳，一邊欣賞藝術品一邊品嘗當地野菜／ 3.Ilya Kabakov 的〈梯田〉／ 4. 草間彌生的〈花咲ける妻有〉

上越、糸魚川、妙高高原

本區位在新潟縣的最南邊，曾是戰國時代武將上杉謙信的居城，豪雪帶的氣候讓此地的雪地活動十分興盛，雪質也是最受滑雪客喜愛的粉雪。

糸魚川市因為特殊的地質成為日本最大的翡翠產地。妙高高原的風景十分秀麗，不論是瀑布、水池、雄偉的妙高山，都讓人在大自然中獲得身心的療癒。更吸引人的是妙高高原的各種溫泉，遊客可以在不同色澤、泉質的溫泉中，充分感受到溫泉的療養力。

如果是從東京過來的旅客，最方便的交通方式並不是搭乘上越新幹線到新潟站再轉往此地，而是搭乘北陸新幹線直接在上越妙高站下車，這一點請特別注意。

分區地圖

1. 盤據各個山頭的滑雪場，是上越地區冬天的代表風景／2. 上越市春日神社

上越、糸魚川

獨特地形與歷史文化的對話

1. 高田城址公園的魔幻夜櫻／ 2. 這裡的的櫻花是新潟賞櫻首選地之一
3. 高田城址公園內有非常廣大的蓮花池，種類繁多

高田城址公園

春櫻繽紛夏蓮燦爛的史蹟景點

新潟縣上越市本城町44-1／えちごトキめき鐵道妙高はねうまライン「高田站」徒步15分鐘／2小時

原本是德川家康的六男松平忠輝公的住所，後來只剩下遺跡（城跡），由官方整修改成公園，已被指定為新潟縣的史蹟。園內包括已整修過的高田城三重櫓、歷史博物館、小林古徑紀念美術館、高田圖書館、小川未明文學館、路上競技場、野球場等，面積遼闊，在日本也屬罕見。

本地的櫻花被譽為日本三大夜櫻之一，除了4,000棵櫻花樹，這裡的蓮花池也號稱是東洋第一。明治4年（1871年）時，高田藩（藩就是諸侯治理的領地）因為戊辰戰爭陷入財政困難，為了突破困境，大地主保阪貞吉投入個人資產，開始種起蓮花。到了昭和28年（1953年），專門研究蓮花的大賀一郎博士到訪，發現蓮花池的規模簡直是世界僅有，還能夠同時種植紅、白蓮，讚不絕口。因為連蓮花博士都這麼說，市民就開始口耳相傳這是東洋第一。

蓮花種在圍繞著高田城跡的外護城河，總面積約5.7萬坪，相當於4個東京巨蛋。1983年東京大學農學部的北村文雄教授又寄贈12種蓮花，種在西護城河北側的觀蓮園，讓蓮花池的花種和數量更為豐富！

春日山城跡

造訪戰國武將上杉謙信的居城

新潟縣上越市中屋敷、大豆／えちごトキめき鐵道妙高はねうまライン「春日山站」徒步40分鐘／1小時

春日山城跡是戰國時代名將上杉謙信的居城，為日本指定史跡，也是百大名城之一，推算大概是600多年前就已經存在，再由上杉謙信等人強化成為更堅固的城堡，加上巧妙運用周邊複雜的地形，春日山城可說是固若金湯的天下名城。

凹地、土壘（類似土牆）以及水井等遺跡還保留至今，整個凹地在山坡上展開，總長約有1.2公里。從標高約180公尺的本丸遺跡，可以看到日本海、頸城平野以及周圍的山巒。附近的春日山神社和林泉寺與上杉謙信也有淵源，非常推薦順道一遊。

主建築已經不復存在，現在只剩遺址，城跡中央的銅像是上杉謙信

高田雁木通

日本最長雁木的傳統建築區

新潟縣上越市市中心（大町通、東本町通、南本町通一帶）／えちごトキめき鐵道妙高はねうまライン「高田站」徒步10分鐘／1小時

突出於家門前面類似屋簷的東西稱為雁木，這是為了要讓積雪時，方便行人走路，可以說是雪國的智慧。從江戶時代就開始流行這種建築方式，早期靠日本海側的都市較常使用雁木，但在明治時代之後就逐漸減少。高田地區現在還保留著許多雁木構造的建築，可以說是日本第一長的雁木。想要欣賞這種傳統建築，可以先從町家交流館高田小町的雁木通作為起點。

遊客可以從高田小町開始沿路欣賞雁木建築

上越市立水族博物館 うみがたり

以日本海為主題的漂亮水族館

http umigatari.jp/joetsu ／ 新潟縣上越市五智2丁目15-15 ／ (0255)43-2449 ／ 10:00～17:00 ／ 成人1,800日圓；高中生1,100日圓；中小學生900日圓；4歲以上幼兒500日圓 ／ えちごトキめき鐵道妙高はねうまライン「直江津站」徒步15分鐘 ／ 1.5小時

2018年6月一開幕就造成話題，並成為地標之一。緊鄰著日本海的水族館，以日本海的海中生物為主題，打造了一個超大型的水槽，槽內有透明隧道，遊客可以穿越其中，360度觀賞在海中悠游的生物。館中飼養的麥哲倫企鵝數量高居日本之冠，平日就有20,000隻沙丁魚一同隨著音樂舞動的表演節目。水族館的水池與日本海在同一個水平面上，在夕陽餘光的照射下，日本海的廣闊與美麗盡收眼底。

1. 上越市立水族博物館うみがたり的水中隧道 ／ 2. 飼養的企鵝數量極多

高田世界館

日本歷史最悠久的骨董級電影院

http takadasekaikan.com ／ 新潟縣上越市本町6-4-21 ／ (0255)20-7626 ／ 參觀費500日圓 ／ えちごトキめき鐵道妙高はねうまライン「高田站」徒步10分鐘 ／ 0.5小時

1911年開幕，當時叫做高田座，5年後改名為世界館，成為一般的電影院。後來換過幾個名稱如高田東寶映畫劇場、高田Central Cinema或是松竹館等，雖然經營狀況不佳，但還是一直苦撐營運，在2007年新潟的中越大地震後，更面臨倒閉的危機。那時由岸田國昭等人發起「街中映畫館再生委員會」，藉由募款等方式維修電影院，讓建築物還能保留著當年的風味。

因為十分具有歷史感，這裡偶爾曾作為電影的拍攝場景，也是國家登錄的有形文化財(2011年)以及近代化產業遺產(2009年)。

日本最古老的電影院－高田世界館

道の駅能生

滿滿螃蟹料理的國道休息站

能生國道休息站

marine-dream.net／新潟縣糸魚川市能生小泊 3596-2／(0255)66-3456／09:00～17:00／免費／えちごトキめき鐵道日本海ひすいライン「能生站」搭計程車 5 分鐘／1小時

糸魚川市的能生有個能生漁港，松葉蟹的捕獲量非常大，在漁港附近的能生國道休息站以主打螃蟹專賣為訴求，號稱是日本海側規模最大的松葉蟹直賣所，尤其是在螃蟹屋橫丁（かにや橫丁）這裡，連著9間店面都在賣漁船直送的松葉蟹，店家的招呼聲此起彼落，十分熱鬧。

休息站內還有鮮魚中心、餐廳和土產店，販賣從能生漁港捕獲的魚介類生鮮產品，最有名的是夏季限定的岩牡蠣，可以直接請店家燒烤，美味無比。雖然是國道休息站，但是更像一個海鮮批發市場呢！

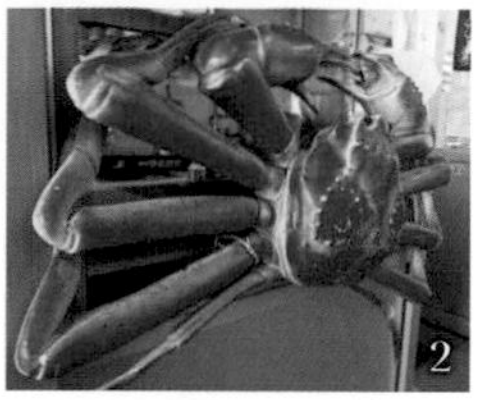

1. 能生國道休息站的螃蟹屋橫丁，連著9間店面販賣松葉蟹／2. 松葉蟹是能生國道休息站的名物／3. 滿滿松葉蟹的味噌湯

フォッサマグナミュージアム

Fossa Magna Museum

探索礦物與岩石的奧祕

fmm.geo-itoigawa.com／新潟縣糸魚川市大字一ノ宮 1313／(025)53-1880／09:00～16:30／成人 500 日圓；高中以下免費／北陸新幹線、JR大糸線、日本海ひすいライン「糸魚川站」搭計程車10分鐘／2小時

這是一個有關石頭的博物館，展示了地球以及日本列島誕生的相關內容。在石頭種類繁多的糸魚川，翡翠、太古珊瑚、活火山等資源相當豐富，而且這裡位處於一個大斷層，是理解各種石頭以及日本列島的最佳場所。

展示區共分6區，展出多種自然資源，並介紹地震、火山等天災知識，需要花一些時間才能逛完，歡迎對礦石有興趣的朋友們來此參觀。

フォッサマグナミュージアム是個專門介紹石頭的博物館

親不知子不知

北陸地區日本海側最險峻的斷崖

新潟縣糸魚川市大字市振／えちごトキめき鐵道日本海ひすいライン「親不知站」徒步20分鐘／1小時

這是飛驒山脈沒入日本海後形成的一處斷崖，地形之艱險程度為日本少見，曾出現在浮世繪名家歌川廣重的畫筆下。

親不知子不知是以親不知車站為中心，南北15公里範圍內的總稱。親不知車站與市振車站之間被稱為親不知，親不知車站與青海車站之間則稱為子不知。

1882年時，首度從斷崖險壁中鑿出一條路，隔年起讓行人通行，為了紀念這歷史性的一刻，在親不知這段的岩壁上刻了「如砥如矢」4個字。之後隨著交通技術的進步，在這個斷崖海岸線上先後建立了國道8號和北陸自動車道，其中北陸自動車道有3,373公尺全部都是高架路段，以避過斷崖，也是日本第一個海上交流道。

1

2

3

1. 北陸自動車道在親不知子不知的高架路段／2.「如砥如矢」的石壁雕刻／3.「天下之險」的石壁雕刻

豆知識

親不知 地名的典故

這個特別地名的由來有兩種說法：一是自古以來，許多人為了要橫越斷崖而喪命，就算是親子也無法互相照顧；第二種說法是，1185年壇之浦之戰後，獲救的的平賴盛成為逃亡之徒，住在越後國蒲原郡五百刈村（現在的長岡市），得到消息的夫人攜子從京都前往越後國，途中經過這片險惡的斷崖時，小孩不幸被海浪捲走，夫人傷心欲絕地吟詠出「親不知 子はこの浦の波枕 越路の磯の泡と消え行く」（意即：在這北陸地區最難的天險，忘記父母的孩子，也在這裡聽著浪濤，與海岸的泡沫一起消逝），斷崖因而得名。

親不知子不知的斷崖地形

糸魚川翡翠

規模與品質高居日本第一的翡翠產地

翡翠是新潟縣的縣石，2016年更被指定為「日本之石」(國石)，是一種顏色鮮豔的寶石，硬度和韌性甚至不輸鑽石。

日本總共有11個翡翠產地，新潟縣的生產規模最大，也是唯一一處透明度最高、品質最優良的翡翠產地，尤其是在糸魚川市的小滝川翡翠峽(ヒスイ峡)一帶。目前已知日本國內出土的翡翠文物，全部都是來自糸魚川，其中包括世界最古老的翡翠加工品。

位在JR糸魚川站旁步行1分鐘距離的翡翠王國館，是翡翠的加工和銷售中心，時間有限但又喜歡翡翠製品的遊客可以到這裡參觀。

如果想要更進一步欣賞翡翠之美，建議可以再前往翡翠園、玉翠園和谷村美術館參觀。翡翠園中有以翡翠原石打造出來的日本庭園；玉翠園則是與谷村美術館相鄰的大型日本庭園，欣賞庭園造景還可以順訪美術館。

翡翠王國館

http itoigawa-base.com/jhisu／新潟縣糸魚川市大町1-7-11／(0255)53-1210／09:00～23:00／北陸新幹線、JR大糸線、日本海ひすいライン「糸魚川站」徒步1分鐘／0.5小時

翡翠園

http gyokusuien.jp／新潟縣糸魚川市蓮台寺2-11-1／(0255)52-9277／09:00～16:00／$ 600日圓／北陸新幹線、JR大糸線、日本海ひすいライン「糸魚川站」徒步25分鐘／0.5小時

玉翠園

http gyokusuien.jp／新潟縣糸魚川市京ケ峰2-1-13／(0255)52-9277／09:00～16:30／$ 800日圓／北陸新幹線、JR大糸線、日本海ひすいライン「糸魚川站」徒步25分鐘／0.5小時

谷村美術館

http gyokusuien.jp／新潟縣糸魚川市京ケ峰2-1-13／(0255)52-9277／09:00～16:30／$ 800日圓／北陸新幹線、JR大糸線、日本海ひすいライン「糸魚川站」徒步25分鐘／1小時

1. 翡翠王國館的外觀／2. 翡翠王國館展示和販賣各種翡翠商品／3. 翡翠原石／4. 翡翠王國館就在JR糸魚川站旁邊

妙高高原

自然景觀豐富又有一流溫泉的高原

苗名滝
苗名瀑布
氣勢磅礴是日本瀑布百選之一

📍新潟縣妙高市杉野澤／➡えちごトキめき鐵道妙高はねうまライン「妙高高原站」搭計程車15分鐘／⏳1小時

位在新潟縣和長野縣交界的苗名瀑布，在春天融雪期水量大增，從落差達55公尺柱狀節理玄武岩壁流下來，水勢驚人。因為水量夠大，落下的水聲轟隆轟隆像地鳴一樣，苗名瀑布因此又名「地震瀑布」。

春天的新綠、夏天的清涼和秋天的紅葉，苗名瀑布各個季節都適合一遊。第一眼看到時它時，或許不覺得特別，但細細感受它和蔥蔥鬱鬱的山河大地共演，絕對會對它的獨特氣息發出讚嘆，不愧是百選名瀑。在日本幾乎無人不知的俳句詩人小林一茶，因為看到苗名瀑布驚為天人，曾經寫下了「瀧けぶり側で見てさえ花の雲」（意即：遠看瀑布冒出水煙，走近看更像是有如花朵般的雲彩）的俳句。

苗名瀑布的水量驚人，近距離觀賞可以感受到磅礴的氣勢

旅遊 Spotlight

最富盛名的 土產辣椒醬

新潟最有名的辣椒醬寒造里（かんずり）發源於妙高市，材料取自上越生產的辣椒，加上黃柚子、米糀、鹽等材料予以混合再發酵而成，從製作到上市需要3年的時間。

寒造里的辣度很溫柔，辣味中帶著柚子的香氣，拿來配麵或炒米粉，甚至搭配滷味一起吃，無一不搭。因為這款辣椒醬在新潟太有名了，所以跟炸半雞一樣，也被米菓製造商拿來做成寒造里口味的米菓，還有寒造里口味的義大利麵醬。

いもり池

蠑螈池

廣闊水池與妙高山的醉人共演

新潟縣妙高市關川 2249／えちごトキめき鐵道妙高はねうまライン「妙高高原站」搭公車10分鐘／1小時

池名很特別的蠑螈池，周圍設置了504公尺的遊步道，擁有豐富的自然濕地生態，是妙高市的代表觀光景點，早期因為這附近有很多的蠑螈在此繁殖生長，因此而得名。從蠑螈池所在地可以清楚地眺望日本百大名山之一的妙高山，晴天的時候，標高2,454公尺的妙高山山景，倒映在平靜無波的池面上，水天一色，漂亮極了！

每年4月下旬～5月間，蠑螈池附近的10萬棵白色野生水芭蕉全面盛開。到了夏天時，池子的一側會被蓮花所覆蓋，充滿夏日風情。接著進入10月中旬～11月上旬之間，秋天的楓葉會染紅妙高山，倒映在蠑螈池上，又是另一番景象。沿著蠑螈池周邊設有完善的休閒步道，散步一圈約15分鐘，非常推薦來此放鬆身心。

1

2

1. 從蠑螈池可清楚地眺望妙高山，秋天也是賞楓的好地方／2. 陽光灑落在蠑螈池上

旅遊 Spotlight

慶祝春天的火文字

在蠑螈池周邊所舉辦的「艸原祭」，是用火文字和華麗的煙火，共同慶祝妙高市春天來臨的一個大型活動。所謂的火文字，就是在山麓的斜坡上點燃一個「艸」字，這是一種可以充分體驗當地生活與人情味的活動。

1

2

1. 在山麓上點燃的「艸」字及煙火／2. 艸原祭是個相當具有當地風情的傳統活動

妙高高原溫泉鄉

體驗七五三之湯

妙高山麓總共有7處溫泉，包括赤倉溫泉、新赤倉溫泉、池之平溫泉、妙高溫泉、杉野澤溫泉、關溫泉和燕溫泉，統稱為「妙高高原溫泉鄉」。

這裡共有5種泉質，即單純溫泉、鹽化物泉、碳酸水素鹽泉、硫酸鹽泉和硫磺泉。赤倉溫泉和新赤倉溫泉共用的是北地獄谷的源泉；妙高溫泉和池之平溫泉同樣是南地獄谷的源泉，質感各自不同。

此外，溫泉水的顏色也不盡相同，除了透明無色的溫泉水外，燕溫泉的溫泉水是乳白色的，關溫泉則是紅褐色的，池之平溫泉同時擁有無色透明的單純溫泉和黑泥色的硫磺泉兩種泉水。總而言之，來到這裡可以體驗到3種不同顏色、5個不同源泉的7處溫泉，所以妙高高原溫泉鄉又被稱作「妙高七五三之湯」。

在7個溫泉之中，筆者認為最為特別的當屬關溫泉和燕溫泉，傳說這兩處都是弘法大師所發現的越後名湯。關溫泉的溫泉街上並沒有公共浴場，但其中有幾間溫泉旅館都提供日歸入浴。燕溫泉在標高 1,100 公尺的山坡上，是7個溫泉中位置最高的溫泉，有2個野湯，1個是黃金之湯，另1個是河原之湯，而河原之湯是位在溪流旁的露天混浴，泡湯時彷佛能擁抱整個溪谷。想要嘗試野天溫泉的朋友，請一定要來燕溫泉感受一下。

1,2. 乳白色的河原之湯是人氣很高的混浴野湯／3. 燕溫泉位在海拔 1,100 公尺的山麓上，氣氛絕佳／4. 關溫泉的溫泉街

大洞原四季の花畑

大洞原四季花田

春夏秋三季花海美不勝收

📍新潟縣妙高市關山大洞原／⇨えちごトキめき鐵道妙高はねうまライン「關山站」搭計程車10分鐘／⌛0.5小時

大洞原這邊有一大片花海。春天的時候，2公頃的土地上開滿黃澄澄的油菜花；夏天綻放著向日葵和桔梗；到了秋天，則是白色蕎麥花的天下，彷彿一片細雪。不同的季節都可以欣賞到美麗的花海，不枉四季花田的美譽。花田附近還有「妙高山麓都市農村交流設施」，可以一併參觀。

大洞原的春天油菜花田是熱門的打卡地點

火打山

日本百大名山之一

📍新潟縣妙高市／火打山／⇨笹ヶ峰登山口：えちごトキめき鐵道妙高はねうまライン「妙高高原站」搭公車50分鐘；燕温泉登山口：えちごトキめき鐵道妙高はねうまライン「關山站」搭公車20分鐘／⁉安全考量，冬季應避免登山

被選為日本百名山及花的百名山之一。這裡屬於豪雪帶，冬天的豪雪為夏天帶來豐沛的水量，因此在登山道所經過的高谷池濕原、天狗之庭等地，從初夏開始就可以看到豐富的高山濕地植物，也可以看到雷鳥的蹤跡。秋天的火打山轉成一片火紅，非常美麗，被美國有線電視新聞網CNN選為「日本最美的場所31選」之一，因而受到世界的矚目。登山者一般是由「笹ヶ峰登山口」進入，攻頂大約需要5～6小時。

1,2.7月的火打山山頂仍有殘雪，從天狗之庭看火打山(照片提供：妙高觀光局)／3.高谷池的秋天美景(照片提供：妙高觀光局)

日本滑雪活動的發源地

上越滑雪趣

1月12日滑雪日的由來

Ski 這個字的來源是挪威語中「薄的板子」的意思。世界滑雪運動起源，據說是在西元前 2,500 年就有獵人利用 Ski 追逐野獸的記載。在中國所發現的西元前壁畫上，也看得到描繪類似滑雪姿態的圖像。到了 10、11 世紀左右的北歐，已經將 Ski 當成為軍用道具之一。但日本這個國家，則是到了近代才開始接觸到這項運動。

雖然在 1890 年代 Ski 就已經傳入日本，但真正讓日本人接觸到比較先進的技術並開始變得普及化，是在 1911 年 1 月 12 日時，新潟縣中頸城郡高田町 (即現在的上越市) 的奧地利少佐 Theodor Edler von Lerch(後稱 Lerch)，藉由交換軍人的機會，來到日本陸軍第 13 師團展開教學而開始的，所以日本滑雪聯盟在 2003 年時，特地將 1 月 12 日訂為滑雪日。

1,2. 在新潟各地的土產店都可以看到以 Lerch 為主角的商品

滑雪文化的普及

當時在高田町，有一位實業家五十嵐彌五八利用 Lerch 打廣告，透過自己經營的報國商會，將滑雪活動順勢推廣到全國各地，特別是在東日本地區。隨後 Lerch 也來到北海道，這段期間他還升到了中佐，不過全國還是習慣稱他為 Lerch 少佐。

因為 Lerch 曾在高田的金谷山等地方指導日本人滑雪，後來在金谷山因此建立了日本滑雪發祥紀念館，還有他的滑雪紀念像，以及大日本滑雪發祥之地（大日本スキー発祥之地）的紀念碑。在北海道，Lerch 則以羊蹄山作為滑雪訓練的據點，目前在旭川空港的停車場，也看得到他的銅像。

為了紀念 Lerch 少佐對日本滑雪活動的功績與貢獻，上越市在每年 2 月上旬都會舉辦大型的 Lerch 祭（レルヒ祭）。

1. 金谷山的日本滑雪發祥紀念館／ 2. 位在金谷山的 Lerch 滑雪紀念像／ 3. 滑雪場的用品租借區

粉雪天堂吸引全球滑雪玩家

上越妙高地區為豪雪帶，冬季的降雪量十分可觀，因此這裡設立了許多滑雪場，雪質更是滑雪客最喜歡的粉雪，輕柔鬆軟，被視為滑雪的天堂，吸引了來自世界各地的滑雪玩家。為了服務遠道而來的滑雪客，有些雪場還提供免費的接駁車，往返穿梭於北陸新幹線的上越妙高站。

沒有滑雪經驗的遊客，首次滑雪可以選擇較大型的滑雪場，這種場所大多有自家的住宿飯店與滑雪場地相連，除了各項設施和租借道具較為完善之外，也規畫了難易度、時數長短不同的滑雪課程，甚至還聘請會講中文、英文的教練，方便遊客上課與溝通。

要注意的是，即使是經驗老道的滑雪客，仍需遵守雪場相關的安全規定，切勿擅離指定的滑雪道，並隨時注意天候狀況，避免雪崩或其他意外事件而發生危險，造成遺憾。

1,2. 盤據各個山頭的滑雪場，是上越地區冬天的代表風景／3,4. 滑雪是新潟冬季的代表運動

人氣滑雪場推薦

位在滑雪發源地和粉雪天堂，上越妙高地區擁有許多知名的滑雪場，適合排入冬天的滑雪行程。

休暇村妙高ルンルンスキー場

http qkamura.or.jp/myoukou/ski／新潟縣妙高市關山／(0255)82-3168

池の平温泉スキー場

http ikenotaira.info／新潟縣妙高市池之平溫泉 2457-1／(0255)86-2370

關温泉スキー場

http sekionsen.com／新潟縣妙高市關溫泉／(0255)82-2316

妙高スキーパーク

http myoko-skipark.jp／新潟縣妙高市關山 6323-4／(0255)82-4189

妙高杉ノ原スキー場

http princehotels.co.jp/ski/myoko/winter／新潟縣妙高市杉野澤／(0255)86-6211

赤倉温泉スキー場

http akakura-ski.com／新潟縣妙高市赤倉溫泉／(0255)87-2125

赤倉観光リゾートスキー場

http akr-ski.com／新潟縣妙高市田切 216／(0255)87-2503

ロッテアライリゾート

http lottehotel.com/arai-resort/ja.html／新潟縣妙高市兩善寺 1966／(0255)75-1100

金谷山スキー場

http joetsukankonavi.jp/spot.php?id=23／新潟縣上越市大貫／(0255)25-4295

阿賀、新発田
阿賀野、五泉

本區位於新潟的下越地區，右邊鄰接福島縣，有雄偉的山巒與開闊的阿賀野川流經，新發田城、加治川堤、瓢湖、村松公園等都是櫻花名所，春天特別值得到此一遊。

此外，這一帶的溫泉非常多，包括麒麟山溫泉、三川溫泉、咲花溫泉、五頭溫泉鄉、月岡溫泉等，都是泉質極佳且人氣很高的溫泉地。

在物產部分，新發田市有最新培育出的和牛「新發田牛」，該市產的蘆筍也非常有名。阿賀野市是新潟酪農業的發源地，這裡的乳製品香醇濃郁，值得品嘗。阿賀町因地理位置靠山，山菜和菇類的產量豐富，而五泉市則是以高品質的針織品聞名日本。

分區地圖

1.從國道休息站阿賀之里可以看到阿賀野川對岸的磐越西線鐵道／2.五泉市五泉八幡宮夏詣

阿賀

福島縣旁被大自然圍繞的山中小鎮

1. 阿賀町的狐狸嫁女兒是一年一度的地方盛事（照片提供：つがわ狐の嫁入り行列實行委員會）／
2,3.「狐の嫁入り屋敷」展示許多與狐狸嫁女兒傳說有關的資料及照片

狐の嫁入り屋敷

狐之婚嫁館

神祕傳說狐狸嫁女兒

新潟縣東蒲原郡阿賀町津川 3501-1／(0254)92-0220／09:00～17:00／入館免費（館內欣賞《狐狸嫁女兒》介紹影片 200 日圓）／JR磐越西線「津川站」徒步10分鐘／1小時

阿賀町的津川地區有一座麒麟山，標高 191 公尺，當地的麒麟山酒造是知名酒廠。早期在麒麟山上有許多野生狐狸，最不可思議的是，自古至今有無數人在此地親眼看過「狐火」！狐火基本上是類似鬼火，就是在空中突然出現的火苗，但跟亂飛的鬼火不同的是，狐火的特徵宛如「某個隊伍提著燈籠排成一列行進」。想要靠近一探究竟時，狐火就會消失，過了一會兒又出現，忽明忽滅，永遠捉不到它的真面目，於是當地居民開始流傳一種說法——這是狐狸在嫁女兒了！

位在津川的狐之婚嫁館，內部收集了許多狐火目擊證人的紀錄，還有狐火被拍到的真實照片。

狐火的形成原因至今不明，但已演變成狐狸要嫁女兒的傳說，成了一種有趣的民俗活動，就是每年會舉辦重現江戶時代結婚儀式的祭典，活動開始前會先徵求扮演狐狸結婚的男、女主角，只要預計在當年度結婚的情侶，願意配合相關的活動及宣傳，都可以報名參加甄選，現場還有化狐狸妝體驗等的活動哦！

将軍杉

樹齡超過千歲的日本最大杉樹

新潟縣東蒲原郡阿賀町岩谷2242／JR磐越西線「五十島站」徒步20分鐘／0.5小時

日本最大的杉樹就是這裡的將軍杉，被指定為國家天然紀念物。樹齡推定超過1,400年，樹高40公尺，樹幹直徑達19.31公尺，主幹旁還有6根枝幹。主幹在昭和36年(1961年)慘遭颱風吹倒，還好這6根支幹非常元氣地繼續成長，讓將軍杉看起來依舊威武雄壯。

傳說這棵將軍杉有樹靈守護，很久以前，村民提議要把樹幹砍下來造船，當晚突然一陣天搖地動，樹根所在的地面整片下陷，從此大家就不敢再動這棵樹，反而更加小心地保護它了。將軍杉旁的平等寺藥師堂也是歷史悠久的重要文化財，建築十分優雅。

夫婦桜

藏身於祕境的的巨大櫻花樹

新潟縣東蒲原郡阿賀町黒岩地區／JR磐越西線「三川站」徒步30分鐘／0.5小時／每年4月中旬左右滿開

夫婦櫻位在偏僻的黑岩地區，是2棵巨大且體型相當的老樹一起矗立在田間，看似一對情侶或夫妻相伴。櫻花滿開的時候，兩棵巨樹相連，搭配後方山頭的雪景，呈現出一片壯麗的景象。

三川観光きのこ園

萬坪松樹林下的菇園

三川觀光菇園

mikawakankoukinokoen.o.oo7.jp／新潟縣東蒲原郡阿賀町吉津3520／(0254)99-3773／09:00～16:30／入園免費(採菇另行重計費)／JR磐越西線「三川站」搭計程車3分鐘／1小時／每年4～12月的第一個星期日營業(營業期間無休)

在占地達1萬坪的松樹林間，種植了10餘種的菇類。每年4～12月開園期間，遊客可以體驗親自採菇的樂趣，就算不摘菇，來到1萬坪的森林裡，享受森林浴和蕈菇美食料理，也是很棒的行程。

新発田

北緯 38 度線經過的城市

新発田城

國家指定重要文化財

📍新潟縣新發田市大手町6丁目／📞(0254)22-9534(新發田市役所文化行政課)／🕒4～11月09:00～17:00(11月開放至16:30)，冬季不開放／💲免費／➡JR白新線、羽越本線「新發田站」徒步25分鐘／⌛1小時

這是本市最知名的景點與地標，也是國家重要文化財，境內大約有360棵櫻花。本城又稱為菖蒲城，第一代藩主(即領地的領主)溝口秀勝於1598年開始建造，到第三代藩主溝口宣直時總算完工。一般的城多是建築在山腰，但新發田城則是考慮政治、經濟的便利性，建在平地。

櫻花和新發田城的共演是春天限定的絕景

五十公野公園

日本四大菖蒲園之一

📍新潟縣新發田市五十公野4449番地外／➡JR白新線、羽越本線「新發田站」搭計程10分鐘／⌛1.5小時

日本四大菖蒲園分別是新潟縣新發田市五十公野公園菖蒲園、山形縣長井菖蒲公園、茨城縣水鄉潮來菖蒲園，以及千葉縣的水鄉佐原菖蒲公園。

本公園位於標高20～85公尺的丘陵地上，總面積90公畝，其中面積1.8公畝的菖蒲園種植了300種品種、60萬棵的菖蒲。整座公園被美麗的森林圍繞著。

1. 位在山林間的五十公野公園，既可散步運動又可賞花／2,3. 菖蒲是新發田市初夏的風物詩

月岡温泉

廣受女性喜愛的美人湯

http tsukiokaonsen.gr.jp／新潟縣新發田市月岡溫泉／(0254)32-2975／JR白新線「豐榮站」搭接駁巴士約20分鐘

大正4年(1915年)開湯的月岡溫泉，位於新發田市南方約6公里的田園地帶，是有名的美人湯。泉質為硫磺泉，其硫磺含量之高，在全日本的溫泉中排名前10名。由於這種泉水對皮膚的保濕和老廢角質的代謝很有效果，因此這裡又叫做「美人之湯」或「不老長壽之湯」。

泉水漂浮一層金屬光澤，是這種溫泉特有的金屬和油脂成分結合後所形成的色澤。月岡溫泉的泉水在地底原本是無色的，一旦接觸到空氣後就會慢慢變成漂亮的翠綠色，還可以看到一片片白色的湯花，是非常珍貴的溫泉。

溫泉街上有數間由老店重新整修過的個性小店，販賣具有高質感與文青風的新潟特產。附近有一個公園カリオンパーク，春天時盛開著漂亮的櫻花以及油菜花，也是戀人的聖地。月岡わくわくファーム則是一個綜合型設施，園區裡有物產商店與餐廳、還有一座全日本最長的木造鞦韆，適合全家大小同遊。

1. 月岡溫泉夜晚迷人的溫泉街風情／2. 月岡溫泉免費的公共足湯／3. 月岡わくわくファーム有日本最長的木造鞦韆／4. カリオンパーク春天的櫻花與油菜花／5. カリオンパーク冬天被雪覆蓋的模樣

豆知識　日本最難喝的水

月岡溫泉街上的溫泉之杜裡，有一口給遊客喝的溫泉水，號稱是「日本最難喝的水」，水龍頭流出來的液體無色無味像自來水，但是有一種完全無法想像的味道和口感，歡迎去挑戰看看。

從這裡走進去可以喝喝看日本第一難喝的水

清水園

秋楓染紅京都風情的庭園

http hoppou-bunka.com/shimizuen/index.html ／ 新潟縣新發田市大榮町 7-9-32 ／ (0254)22-2659 ／ 3～10月 09:00～17:00，11～2月 09:00～16:30 ／ 成人 700 日圓，中小學生 300 日圓 ／ JR白新線、羽越本線「新發田站」徒步7分鐘 ／ 1小時

原是新發田藩之藩主溝口家別墅，共約 4,600 坪。清水園從第三代藩主溝口宣直時開始建造，並命名為「清水谷御殿」，第四代藩主溝口重雄還特地遠從江戶聘請名匠，打造成融入近江八景主題的池泉回遊式庭園，帶有京都風格。到了 1891 年，被新潟的大財閥伊藤文吉收購，1946 年成為北方文化博物館的分館，並定名為「清水園」，同時委請著名的庭園家田中泰阿彌進行修復。如今的清水園被指定為國家名勝，並被譽為越後地區具代表性的大型庭園。

1. 從屋內就可盡覽清水園的庭院風光，是在地人推薦的拍攝角度／ 2,3. 秋天的清水園被一片紅葉包圍，風情不可言喻

二宮家ばら園

九代名門大戶的玫瑰園

二宮家玫瑰園

http ninomiyake.com ／ 新潟縣北蒲原郡聖籠町蓮野 1087 ／ (0254)27-2002 ／ 季節限定公開 ／ 600 日圓(小學生以下免費) ／ 自駕 ／ 1.5 小時

占地約 3,000 坪，包括 5 棟倉庫在內的 11 處建築，已登錄為有形文化財，由於二宮家家族仍住在此地，只在玫瑰花季和紅葉季會對外開放參觀庭園，開放時間會在官網公布。

這裡最有名的西式玫瑰園，是女主人在 20 年前因為興趣開始親手種植、整理出來的園地，每年 6 月 400 多株的玫瑰盛開，吸引許多遊客。另外一處的日式庭園「靜勝園」，少見的龜甲竹與廣闊的弁天潟相連，營造出異於玫瑰園的氛圍。

1. 光影錯落在玫瑰花棚架間，格外浪漫／ 2. 花園景觀會隨著女主人的心情而有不同的設計／ 3. 靜勝園也是許多人喜愛參觀的地方

阿賀野

新潟酪農業發祥之地

1. 每年 4 月底的八重櫻將瓢湖的櫻花季帶到最高潮／ 2,3. 瓢湖的白鳥可以說是冬天來新潟必看的景色
4.6 月底～ 7 月初是紫陽花開的季節

瓢湖水きん公園

瓢湖水禽公園
宛如天使之白鳥的降臨地

新潟縣阿賀野市水原 313-1／JR羽越本線「水原站」搭計程車5分鐘或徒步30分鐘／1小時／巴士班次少，徒步或搭計程車較佳

瓢湖因作為白鳥（大型白天鵝）的避冬地而聞名全國，是日本第一個人工成功飼育野生白鳥的地方。4月中旬左右會開滿染井吉野櫻，4月下旬綻放八重櫻，6月是225種、50萬棵的菖蒲花登場，7月整個湖面荷花搖曳，8月則有盛大的瓢湖花火大會，四季各有美景。

從西伯利亞遠渡重洋而來的白鳥，每年10月底陸續飛到瓢湖，到11月底時數量最多，甚至有高達5,000隻的白鳥群聚於瓢湖。湖畔設有白鳥觀察舍，可以在室內觀察白鳥姿態，即使下著大雪也不用擔心受寒。在冬季的白鳥棲息期間，每天早上9、11時及下午3時，白鳥叔叔就會出來餵食飼料，遊客也可用100日圓購買白鳥專用飼料，親手餵食這群像是天使般純淨的白鳥。

多數白鳥在3月初前會陸續北返回到西伯利亞，但仍有少數白鳥因為老邁、受傷或生病就留在瓢湖。到了4月，櫻花盛開，遠方五頭連峰的白雪未融，櫻花、雪山、白鳥、湖面，共譜大自然巧手編成的四重奏。

這裡的土產店販賣瓢湖限定的伴手禮，在湖的對街還有一處物產直賣所，販售阿賀野市生產的農特產品，都很值得前往參觀選購。

越後亀紺屋藤岡染工場

1748年創業的傳統染布事業

http kamekonya.com／新潟縣阿賀野市中央町2-11-6／(0250)62-2175／平日及週六09:00～18:30；週日及國定假日09:00～18:00(不定期休息)／JR羽越本線「水原站」徒步10分鐘／1小時

創業於江戶時期(1748年)的藤岡染工場，在阿賀野市從事染工已有260年的歷史，初期在本市做染絲的工作，後來到了第三代前去江戶學習文字、圖案的染法後，回到家鄉，才開始使用「亀紺屋」這個店名。現在已經傳到了第八代，仍然遵循傳統使用「注ぎ染め」這種古早的技術，製作出手帕、口金包以及帽子等布類小物。

亀紺屋的口號是「把日本文化放在手掌心」，希望染工的小物也可以在現代社會中被大家廣為使用。店內的每個作品都是純手工染製，也正因為這些手作品都是花時間用心製作的高級品，希望每個客人都可以感受到其質感與溫度。

1.藤岡染工場是知名的染工老店／2.產品非常質樸且耐用

水原代官所

體驗江戶時代的生活方式

新潟縣阿賀野市外城町10-5／(0250)63-1722／4～11月09:30～16:00；12～3月10:00～16:00／成人300日圓；高中小學生200日圓／JR羽越本線「水原站」徒步20分鐘／0.5小時

代官所起源於江戶時代，代官可說是綜理事務的地方官員，代理領主來統治其領地。為了管理領地而設置的官署，就是代官所。

1746年時，內藤十右衛門被任命為第一任代官，管轄範圍包括現在的阿賀野市、新潟市北區、新發田市、胎內市、聖籠町及岩船郡的一部分。代官所的主要功能是徵收年貢以及處理一般民政事務。年貢對農民來說是指繳交物產，而計算物產收穫量的標準是田地町數。當時土地的單位以町來計算，町的數量越多，代表土地越大、收穫量越多，所以年貢有點類似現代的繳稅制度。水原代官所建築物古色古香，來此還能夠感受到江戶時代的生活點滴。

ヤスダヨーグルト

安田優格

新潟人都知道的優質優格

yasuda-yogurt.co.jp／新潟縣阿賀野市保田940／(0250)68-5028／09:00～17:00／JR羽越本線「水原站」搭計程車15分鐘／1小時／參觀工廠需3天前電話預約

安田優格是新潟非常知名的優格品牌，甚至在全日本，都可以看到它的產品。安田優格的本部就在阿賀野市的安田，這裡也是新潟酪農業的發源地。廠區占地頗大，除了工廠之外，還提供觀光客採購、休憩和用餐的場所，一到假日時，這裡就是一個值得親子共遊消磨時間的好地方。

1. 安田優格是新潟縣內最知名的優格品牌
2. 產品種類繁多，口感濃郁香醇

安田瓦ロード｜安田瓦片散步道

東日本瓦片產量第一

新潟縣阿賀野市保田7372(安田瓦協同組合)／(0250)68-2112(安田瓦協同組合)／JR羽越本線「水原站」搭計程車15分鐘／1小時

安田瓦是東日本地區瓦片產量第一的地方，瓦片非常厚重，具有保溫耐寒的特性，福島縣的會津若松城(鶴ヶ城)的瓦片就是來自安田瓦。

在國道49號和290號道路上都有安田瓦散步道的指標，沿著步道，可以看到從江戶時代以來的強大製瓦工藝，包括瓦廠、古老的煉瓦煙囪、瓦牆、瓦庭園，還有一個最新的複合性設施瓦テラス，設有一面超低的屋頂，可以實際觸摸到銀鼠色安田瓦的質感。

1. 安田瓦片是東日本瓦片生產量第一的地方／2. 瓦片散步道上還保留著古老的煉瓦煙囪／3. 最新開幕的複合性設施「瓦テラス」／4. 在瓦テラス可以享用到在地的珍貴食材「純白ビアンカ豬」

五頭温泉郷

新潟最古老的千年溫泉

http gozu.jp／新潟縣阿賀野市村杉 3946-163(五頭溫泉鄉旅館協同組合)／(0250)61-3003／JR羽越本線「水原站」搭公車25分鐘／!? 巴士班次非常少，在水原站搭計程車較佳

坐落於五頭連峰山麓的五頭溫泉鄉，共有3處溫泉區：出湯溫泉、今板溫泉和村杉溫泉，其中出湯溫泉的歷史已有1,200年，是縣內最古老的溫泉，相傳是弘法大師以錫杖擲地後而湧出的溫泉。

位於出湯溫泉和村杉溫泉之間的今板溫泉，只有一間旅館湯本館，餐點美味好吃，旅館的服務也十分親切。村杉溫泉在五頭溫泉鄉中人氣最高，許多人相信這裡溫泉的療養功效，在泡湯結束後，還會汲取一些溫泉水帶回家使用。此外，這一帶也是知名的螢火蟲聚集地，初夏晚上8點左右是螢火蟲出沒的時間。

旦飯野神社

1700年歷史的能量景點

http asaiino-jinja.or.jp／新潟縣阿賀野市宮下 968／(0250)62-4755／JR羽越本線「水原站」搭計程車20分鐘／1小時

旦飯野3個字的含意是「日出之光照耀著眼下的穀倉地帶，陽光溫暖著人們，也滋養著大地」，這個神社已有1,700年的悠久歷史。

神社主祭的神是譽田別命，祂是傳授農作物於此地的神明。在神社的深處，有一顆從靈山出土的天然石，相傳有神明的力量附著在這顆大型的圓石上，用手輕輕地撫摸它，便會有幸福降臨。

1. 華報寺旁的出湯溫泉是縣內最古老的溫泉／2. 春天的五頭溫泉鄉被一片櫻花包圍著／3. 日出之光照著旦飯野神社

五十嵐邸ガーデン

五十嵐邸花園

豪農大宅院改建的氣派餐廳

http swanlake.co.jp／📍新潟縣阿賀野市金屋 340-5／📞(0250)63-2100／🕒11:00～14:30，17:00～20:30／➡JR羽越本線「水原站」搭計程車15分鐘／⌛不用餐0.5小時

曾是新潟縣富甲一方的豪農的宅院，面積約5,000坪，其中日式庭園占了2,500坪，是明治和大正時代（19世紀末～20世紀初）的氣派建築，現在已改為餐廳，也是熱門的婚宴場所。這裡的自釀啤酒 Swan Lake Beer 非常有名，還得過美國啤酒審查會的金賞。

1. 五十嵐邸曾是新潟首屈一指的大豪農的居所／
2. 店名招牌石板也很有質感

道の駅あがの

宣揚阿賀野市獨特魅力之處

阿賀野國道休息站

http agano.co.jp／📍新潟縣阿賀野市窪川原 553-2／📞(0250)25-7011／🕒09:00～18:00／➡自駕／⌛1小時

這是一個相當新的休息站，2022 年年底才開幕，面積寬廣，建築新穎，裡面匯集了阿賀野市的各種農特產品與餐飲，如味噌、米、醬油、咖哩包等食材，也有點心等，品項豐富，來到這個地方可以一窺這個農業小鎮的獨有魅力。

休息站裡不僅販售當天早上現採的各種新鮮野菜，還有在阿賀野市非常有名的麵包店カンパーニュ的好吃麵包，以及使用神田酪農的頂級牛乳做成的霜淇淋，在這裡都吃得到，彷彿要將本市的好吃美食、物產一網打盡。

1. 休息站架上陳列著各種當天現採的蔬果／ 2. 休息站內販賣有名的安田瓦製品／ 3. 阿賀野市渡計和菓子店製造的琥珀糖，加入果汁和寒天製造而成，外觀非常漂亮／ 4. 獲得 2023 年新潟縣味噌、醬油品評會之新潟縣知事獎的阿賀野市產醬油

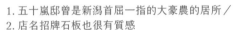

五泉

以紡織聞名全國的小鎮

1.2. 五泉製造的紡織品美觀實用，是市場上的高級品／ 3. 除了衣服之外，各家廠商也開發紡織周邊商品

五泉 日本第一紡織品產地

日本紡織品產業的第一名在五泉，其次依序是山形、福島。五泉為什麼會成為紡織重鎮呢？主要是因為五泉的水質極佳，紡織成品需要經過水洗的步驟，這裡的水質可以讓紡織品在洗過之後，呈現出完美的光澤，所以很早之前五泉就成為許多紡織相關產業聚集的地方，甚至還有服裝設計專門學校。

中國的紡織品大量輸入後，現在日本市面上的紡織品有98%都是中國製，連帶影響到本土企業。目前五泉的紡織業者數量早已不如當年，但能夠存留下來的都是實力超強的企業，許多日本的名牌服飾都是在五泉市代工製造。

2019年德仁天皇即位的宮中祭祀「大嘗祭」中所陳列的絹織物「繒服」，就是由五泉市的横正機業場負責，用在地的獨特技術「濡れ緯」(一種織布方式)所織造而成，這種技術會讓絹織品產生高密度的光澤，長時間浸在水中也不容易掉色或變色。

每年11月20日(いいニットの日，諧音為好針織之日)左右的周末，官方會舉辦紡織嘉年華等相關活動，並販賣本地生產的紡織品，部分工廠會配合開放參觀，歡迎大家前來認識日本的紡織產業。

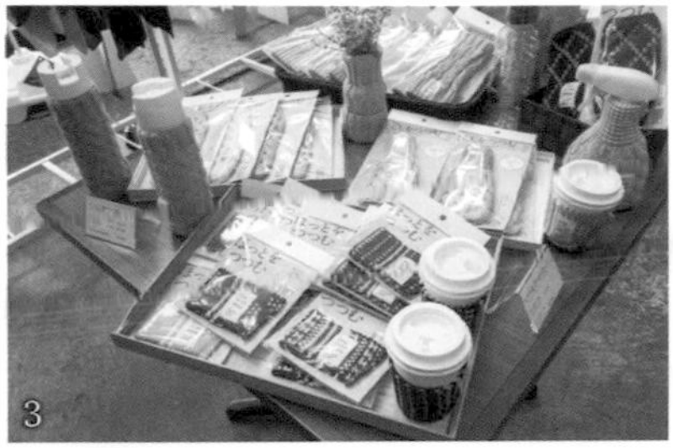

村松公園

賞櫻賞楓的名所

新潟縣五泉市愛宕甲 2631-1／櫻花季節：每年4月上旬~中旬；楓葉季節：每年11月中旬／JR磐越西線「五泉站」搭計程車15分鐘／1小時

日本櫻花百選地之一，也被縣民票選為新潟風景百選第三名。除了櫻花外，秋天的紅葉美景也很有名。因為櫻花數量很多，位於公園旁的五泉櫻花芳香工房（ごせん桜アロマ工房）用低溫真空抽出的方法，抽出八重櫻的成分製成櫻花萃取液、護手霜、櫻花香包、冰淇淋等商品。

公園裡還有個知名的忠犬雕像TAMA（タマ公），狗主人是五泉村松地區的獵人，在昭和9年（1936年）、昭和11年（1936年），兩度遭遇雪崩被埋住，TAMA兩次都把主人救了回來。據說TAMA看到主人被雪埋之後，不停地挖雪，挖到雪地上全沾染了牠的鮮血，牠不停的吠叫引起別人的注意趕來營救，終於讓主人死裡逃生。兩次雪崩因牠鍥而不捨的掘雪和求救，共有4人被牠救回。目前在新潟縣內有好幾座TAMA像，下次來玩的時候試著找找看吧！

五泉八幡宮

新潟最大規模的風鈴祭

新潟縣五泉市宮町 5-46／(0250)42-3220／JR磐越西線「五泉站」徒步20分鐘／0.5小時

是五泉市內有名的能量景點，每年的6月底~7月初約莫1週的時間，五泉八幡宮都會舉辦新潟最大規模的風鈴祭，展出來自日本全國47個都道府縣和世界各地形形色色的風鈴。

1,2. 風鈴和泡泡機是五泉八幡宮夏天的風物詩／3. 忠犬雕像與櫻花／4. 村松公園的紅葉非常迷人／5. 五泉八幡宮是一座非常漂亮的神社

咲花温泉

淡淡奶綠色的優質美肌溫泉

http sakihana.jp／📍新潟縣五泉市佐取（咲花溫泉旅館協同組合）／➡JR磐越西線「咲花站」

阿賀野川沿岸的咲花溫泉一共有6間溫泉旅館，都是傳統的老旅館，用合理的價格提供高品質的溫泉與服務，是一個充滿著原鄉風情且值得推薦的溫泉區。

咲花溫泉又稱美肌之湯，顏色是漂亮的淡奶綠色。要成為美肌之湯通常需要具備以下條件：PH值約7.5的弱鹼性，泉質為碳酸水素鹽泉、硫磺泉或硫酸鹽泉，因為這些成分有助於皮膚老舊角質的去除與再生。本溫泉的泉質為弱鹼性硫磺泉，又帶著硫酸鹽泉的成分，所以被稱為真正的美肌之湯。冬天的咲花溫泉景致也十分獨特，泡在溫暖的浴池中欣賞著阿賀野川與周邊山巒的靄靄白雪，這種感動一生難忘。

1. 咲花溫泉是位在阿賀野川沿岸的小溫泉鄉／2. 蒸氣火車通過咲花站的瞬間／3. 咲花溫泉水中花火大會

ラポルテ五泉

Laporte Gosen

集合所有五泉特色的複合性設施

http laporte-gosen.jp／📍新潟縣五泉市赤海863／☎(0250)41-1612／🕘09:00～22:00（商店與餐廳10:00～18:00）／➡JR磐越西線「五泉站」徒步26分鐘／⌛1小時

這是當地最新的複合性設施，處處可以感受到五泉針織產業的實力。這裡有會議室、演講廳，以及一座極受歡迎的兒童遊樂場。館內並販賣各種五泉出品的農特產品與針織絲綢品，餐飲店也以本地食材料理出美味的餐點。

慈光寺

杉木包圍的靈山聖地

http jikoji.jp／新潟縣五泉市蛭野 870／(0250)58-4000／4～10月 09:00～16:30；11～3月 09:00～16:00／JR磐越西線「五泉站」搭計程車25分鐘／1小時

這是位於靈峰白山的山麓上一座曹洞宗的古佛寺，年代久遠，創建時間已不可考，是國家登錄的有形文化財，在4～10月期間可體驗坐禪與寫經(需先預約)。慈光寺的本體建築物非常有歷史，保存良好，參道旁的杉並木亦享有名氣。

杉並木參道約500公尺長，清冽的山泉水不斷從地面湧出，流竄在盤根錯節的樹根間，冬天時陽光從樹縫中灑落，把樹梢上的雪花照得閃閃發亮。參道兩側有許多古老的地藏石像，因為時間久遠，全都長滿了厚厚的青苔。特別提醒此處曾有熊出沒，入山的遊客請記得佩掛熊鈴。

1. 慈光寺是國家登錄的有形文化財／2,3. 冬天的慈光寺積雪甚深，別有一番特殊的光景

旅遊 Spotlight

五泉地區的**農特名產**

享有五泉美人之譽的蓮藕

五泉蓮藕的品牌叫做「五泉美人」，特徵是外觀潔白、肉厚、味道鮮美，是許多料理店指名使用的食材。

雪白纖細的高級里芋

里芋「帛乙女」的特徵是顏色雪白、口感纖細，曾出現在2019年德仁天皇即位的宮中祭祀「大嘗祭」中，是高級里芋代名詞。

富有光澤的甘甜栗子

五泉也是知名的栗子產地，市內的村川觀光栗園和今井觀光栗園在秋天可以體驗採栗，兩處栗園也有販賣栗子炊飯，十分美味。

比萊茵河更壯麗的日本大川

阿賀野川

美得令人摒息的阿賀野川

上游發源於福島縣和群馬縣之間，在福島縣喜多方市附近合流之後形成阿賀野川，再流經新潟縣後注入日本海，全長210公里，是日本第十長的河流，也是國家指定的一級河川。由於上游多屬豪雪地帶，水流量非常大，沿線經過多處山區，開鑿出壯闊的河谷，風景十分迷人。

明治12年(1879年)，有個英國牧師的女兒伊莎貝拉，輾轉從英國來到東京，然後一路北上來到日光、會津若松，再到津川。到了津川的時候，因為騎馬造成腰痠背痛，決定改用搭船的方式，沿著阿賀野川前往新潟市。

在乘船過程中，伊莎貝拉驚見阿賀野川的景色，竟然比歐洲的萊茵河更美，沿岸的山巒也比她蘇格蘭家鄉的山勢更為壯闊，於是現在行駛在阿賀野川的觀光船的路線就叫做「阿賀野川ライン舟下り」。船隻內裝舒適，配有空調、暖氣，讓客人可以更舒服地享受豐富的自然景觀，尤其是秋天的時候，阿賀野川沿岸的紅葉景色美不勝收，令人留連忘返。

這條遊覽路線，在船上就能飽覽春天的生意盎然，夏天的一片新綠，秋天的紅葉耀眼，冬天的雪景迷人，無不充滿情調，難怪連歐洲人都深感驚豔不已。

1. 搭乘「阿賀野川ライン舟下り」觀光遊覽船可以飽覽兩岸的風光／ 2. 阿賀野川川畔的咲花溫泉是知名溫泉地

多功能的國道休息站

位在國道 49 號上的國道休息站阿賀之里(道の駅阿賀の里),裡面有個物產館「夢藏」,販賣各種新潟土產,有時候也會展示加茂市生產的桐簞笥(簞笥,一種日本傳統櫥櫃)。加茂自古以來就被稱為北越的小京都,製作桐簞笥的歷史已經超過 200 年,純手工製作的桐簞笥兼具美感與性能,十分吸引人。

這個休息站除了提供購物、餐飲、休息等一般服務之外,在乘船處買票,就可以參加「阿賀野川ライン舟下り」搭船欣賞阿賀野川美景的行程,遊覽明媚的山水風光,乘坐一趟大約 40 分鐘,票價為成人 2,000 日圓,6 ~ 12 歲 1,000 日圓。行程名稱中的「ライン」,不是指線路的那個 Line,而是指 Rhine(萊茵河)。

阿賀之里國道休息站

http aganosato.com / 新潟縣東蒲原郡阿賀町石間 4301 / (0254) 99-2121 / 09:00 ~ 16:30 / JR 磐越西線「東下条站」徒步 15 分鐘 / 1 小時

1. 國道 49 號上的休息站阿賀之里/ 2. 物產館「夢藏」販賣各種土產伴手禮/ 3. 這裡買得到阿賀町產的越光米,曾連續兩年獲得國際品質協會優秀品質最高金牌獎/ 4.「阿賀野川ライン舟下り」觀光遊覽船的搭船處

阿賀野川的鐵橋風光

新潟縣內的 JR 鐵道有白新線、羽越本線、磐越西線等 3 條路線，都會跨越阿賀野川；磐越自動車道也有幾個路段跨越阿賀野川，所以沿著河川就會看到許多壯觀漂亮的鐵橋，無論是公路或鐵道的橋座都各有風情，也是攝影師喜愛的取景熱點。

1.JR 羽越本線跨越阿賀野川的鐵橋／2.JR 白新線跨越阿賀野川的鐵橋

1

2

國道旁的史跡取上觀音

離國道休息站阿賀之里約 4 分鐘車程，在國道 49 號沿線上的取上觀音，傳說是佐原十郎義運的家臣小田切彈正忠義所建，從堂內的紀錄《取上觀音由來記》來看，推測創立時間是在 12 世紀後半期左右。

現在的觀音堂，是由長峯金次郎在 1875 年費時約 3 年打造，全堂完全沒用到釘子，都是由櫸木搭建而成，外觀則是由 50 多件的櫸木雕刻作品加以裝飾完成。

於國道 49 號路旁的取上觀音

村上、瀨波溫泉、關川
粟島浦村

本區位於新潟縣北部，與山形縣相接，獨特的海岸地形讓景觀更增魅力。村上市的祭典、保存完整的町屋；關川村的奇祭與豐富的溫泉資源；粟島浦村的純樸風情，都非常值得遊人前來探索。

由於地處比較邊陲的位置，這一區仍然保留了許多代代相傳的生活習俗，包括村上的鮭魚文化、家家戶戶收藏的老屏風及女兒節娃娃，還有粟島浦村濃濃的漁村風情、關川老人的手作工藝品，都有種不沾染一絲都市氛圍的純樸氣質。春天的櫻花、冬天的厚雪，非常值得旅人來此放鬆身心，聆聽大自然的呼吸。

分區地圖

1. 春天的高瀨溫泉周邊被櫻花所包圍／2. 笹川水流的美麗夕陽

村上

滿溢濃濃町屋風情的小城市

1. 笹川水流的美麗海岸與夕陽／ 2. 離笹川水流最近的車站是 JR 桑川站，也是國道休息站
3. 夕日会館販售的日本海鹽味霜淇淋是這裡的名物

笹川流れ

新潟最美的一段海岸線

笹川水流

笹川水流遊覽船／http sasagawanagare.co.jp／新潟縣村上市桑川975-44／(0254)79-2154／08:00～17:00(每隔40～60分鐘開船)／成人1,200日圓；幼兒600日圓／JR羽越本線「桑川站」徒步15分鐘／1小時

日本最清澈的水域之一，這條美麗的海岸線綿延11公里長，在1972年被指定為日本國名勝及天然紀念物，還被選為日本百景的海岸景觀名勝。笹川是早期的地名，在這裡可以看到海流穿過近海的岩塊，故稱為笹川水流。

海水的透明度在國內屈指可數。海岸線因不斷被沖刷形成各種奇岩怪石、絕壁與洞穴，知名景觀包括眼鏡岩、獅子岩、ニタリ岩、恐龍岩等，建議搭乘遊覽船才能一覽全貌，船上可以餵食海鷗，需注意因天候關係，遊覽船在冬季全面停駛。

如果不想搭船，開車也可以看得到眼鏡岩以及ニタリ岩。自駕的優點是可以隨意停在沿線景點的停車場，下車就能走到岸邊欣賞風景，有時候還會看到海膽和海星等被海浪沖帶到岸上。因為緊鄰著日本海，日落的景觀也非常有名，號稱是縣內最美麗的夕陽。

離這裡最近的車站是JR桑川站，旁邊的「夕日會館」是國道休息站，站內的日本海鹽味霜淇淋是當地名物，因為這帶生產優質的鹽，霜淇淋的青藍色正代表著這片蔚藍的海岸。

千年鮭井筒屋

百變的鮭魚料裡獲米其林肯定

murakamiidutsuya.com／新潟縣村上市小町 1-12／(0254)53-7700／11:00～15:00／JR羽越本線「村上站」徒步25分鐘

身為鮭魚的產地，村上這裡自然可以吃到非常多變化的鮭魚菜色，其中又以井筒屋的鮭魚料理最為出名。井筒屋的建築前身曾是江戸時代的旅館，著名的俳句詩人松尾芭蕉和弟子曾良在旅途中，曾經投宿在此旅館。現在這棟建築物已經被登錄為國家有形文化財。

井筒屋的鮭魚料理方式非常多元，最貴的一套22品鮭料理，可以吃到鮭魚的各個部位和傳統的料理手法。此外，井筒屋和江戸庄2間店家都是2020年米其林評鑑的推薦餐廳。

1

2

3

1,2.井筒屋的鮭魚料理／3.井筒屋是村上最有名的鮭魚料理店

江戸庄

高檔的優質村上牛專賣店

edoshow.com／新潟縣村上市大町 2-17／(0254)50-1181／11:00～14:00／JR羽越本線「村上站」徒步30分鐘

縣內生產的黑毛和牛中，等級在A3／B3以上的稱為新潟和牛；在村上市、關川村、胎內市3處飼養，等級在A4／B4以上的黑毛和牛，則稱之為村上牛。這種村上牛的特色是霜降部位多、色澤鮮豔、花紋美麗、肉質甜美且價格昂貴，在縣內已成為高級牛肉的代名詞。

在江戸庄可以品嘗到極其美味的村上牛料理，不論是牛排、涮涮鍋或是壽喜燒，都很令人回味無窮。

1

2

3

1.村上牛的油花非常漂亮／2.村上牛蓋飯／3.江戸庄是專門料理村上牛的餐廳

SHOP

村上茶

日本最北端的茶葉產地

村上市從江戶時代初期(17世紀初)就開始栽種茶葉，也是日本茶葉的最北產地。茶葉不是寒帶的作物，種植有一定的極限，雖然北海道也嘗試在溫室試種茶葉，但都屬於小規模的種植，真正能夠在市面上流通販賣的日本茶，位置最北的生產地就是在村上市，約占日本茶葉市場的1%。

富士美園創業於明治元年(1868年)，是栽種與販售村上茶、製造新潟知名茶飲雪國紅茶的老店。從仔細翻土、育苗開始，富士美園投注了許多心力在栽種茶樹。除了村上茶，最受歡迎的就是綠茶、焙茶口味的義式冰淇淋。

而九重園茶舖是從文化文政年間(1804～1829年)就開始製茶的老店，一進入店內，店員就會親切地沏好一壺茶請客人試喝，店內還有讓人小憩的榻榻米房間，可以點個抹茶和和菓子的品茶套餐在此休息。

在冬季日照時間短、氣候嚴寒的嚴苛條件下，村上產的茶葉帶有一絲獨特的甘甜味。除了富士美園和九重園茶舖，村上市還有「御茶之常盤園(お茶の常盤園)」、「北精園」等村上茶專賣店，歡迎大家來品茗。

富士美園

http fujimien.jp／新潟縣村上市長井町4-19／(0254)52-2716／08:00～18:00／JR羽越本線「村上站」徒步18分鐘／0.5小時

九重園茶舖

http kokonoen.com／新潟縣村上市小國町3-16／(0254)52-2036／08:30～17:30／JR羽越本線「村上站」徒步15分鐘／0.5小時

1

3

4

2

1. 九重園販賣的商品／2. 富士美園自製的綠茶和焙茶義式冰淇淋
3. 富士美園外觀／4. 九重園是村上的老茶鋪之一

駐足新潟

代代相傳的珍貴雛人形特展

村上雛人形展

每年 3 月 1 日～ 4 月 3 日期間都會舉辦雛人形展(城下町村上 町屋の人形さま巡り)。所謂的雛人形就是在 3 月 3 日女兒節這天，父母為女兒製作 7 層階梯狀的展示台，上面陳列著各式穿著和服的娃娃，小娃娃的擺放方式極為考究，還可以代代相傳，當作女兒的嫁妝。村上是個古老的小鎮，家家戶戶仍保留著擺放雛人形的傳統習俗。

每年村上市都有 70 餘間的町屋參加雛人形展，一共展出約 4,000 座的人形娃娃，特別推薦吉川酒舗的雛人形，酒舗的建築本體約有近 200 年的歷史，雛人形娃娃也因年代久遠，非常珍貴，酒鋪內禁止攝影以免損壞展示品。

從 1633 年傳承至今的華麗祭典

村上大祭

每年 7 月 7 日七夕這天，就是村上市舉辦「村上大祭」的日子，這是從 1633 年就開始的傳統文化。相傳是在 1633 年時，藩主堀直竒將臥牛山的羽黑神社遷移到現在的村上市羽黑町時，所留下來的習俗。每年約有 19 座雕刻與漆藝獨特的山車(祭典時，由人牽引或肩擔的形似大型轎子之物)，於祭典時穿梭在村上的巷弄中，有的山車已經超過 200 年歷史，十分華麗漂亮。

2018 年村上大祭被指定為國家重要的無形民俗文化財，祭典期間所舉辦的市集，也是新潟三大市集之一。

徒步領略小鎮的歷史文化

町屋散策

村上市市街的北部，有自江戶時代就以「居繰網漁」聞名的三面川；東南部有遺留村上城跡的臥牛山；在市中心的大町周邊，還有許多江戶時代留下來的町屋。簡而言之，村上市是一個被懷舊氣氛包圍的城下町(就是以領主的居城為中心所形成的居住區域)，因為村上市擁有城下町的四大要素：城(舊城跡)、町(町人町)、武(武家町)、寺(寺町)。

走一趟村上就可感受濃濃的歷史風情，讓自己沉浸在古意盎然的街景裡，徒步發掘更多獨具魅力的土產店。

1. 名為安善小路的黑壁街道上，有濃濃的懷舊氣息
2. 村上的街道上多的是年代久遠卻保存良好的町屋

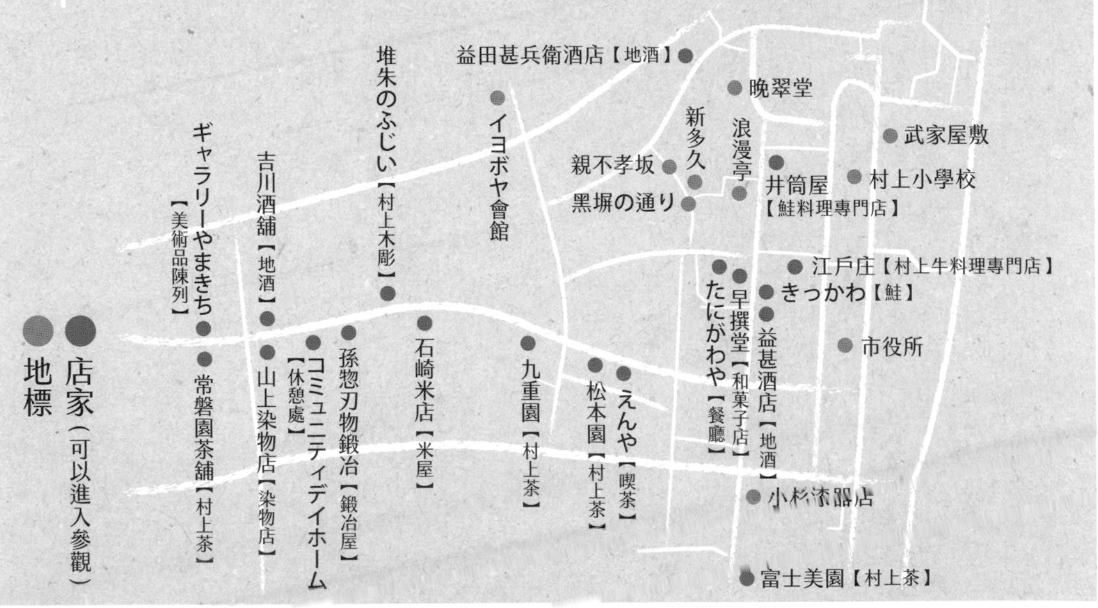

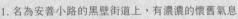

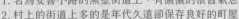

瀨波溫泉、胎內

新潟北邊的溫泉勝地

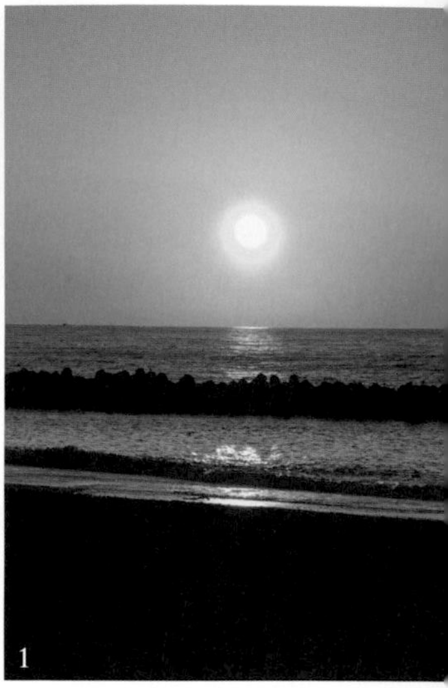

1. 瀨波溫泉有名的日本海夕陽／2. 初夏海灘上開滿了漂亮的馬鞍藤
3. 瀨波溫泉也是日本海側的戀人聖地／4. 瀨波溫泉源泉湧出處

瀨波溫泉

邊看夕陽邊泡湯的極致享受

senami.or.jp／新潟縣村上市瀨波溫泉2-7-24(觀光案內所)／(0254)52-2656／09:00～18:00／JR羽越本線「村上站」搭巴士11分鐘

離笹川水流大約23公里，是緊臨日本海的溫泉鄉，也是日本夕陽百選之處。

有著最美夕陽的加持，汐美莊、大觀莊、View Hotel等面海的旅館都是這裡的知名住宿首選。而離海岸較遠的湯元龍泉，因為有自家源泉，溫泉浴場號稱是日本海側面積最大的露天溫泉，也是高人氣的旅館。吸引遊客前來的另外一個原因就是湯元龍泉旅館旁的四川飯店，是已故的日本料理鐵人名廚陳建一所創立的餐廳，招牌麻婆豆腐風靡全日本。

瀨波溫泉是在明治37年(1904年)時，因為石油開採意外挖到的溫泉，水溫高達95度，所以又叫做「熱之湯」，源泉的噴發處還可以煮雞蛋。據說溫泉噴出的前一晚，山上的狐狸群起亂叫了一整晚，所以在這個溫泉區可以看到許多以狐狸為代表所設計的商品。

溫泉區就位在日本海的岸邊，風景迷人，日本知名的女作家與謝野晶子只在這裡待了短短2天，就創做出45首詩歌。瀨波溫泉區有好幾處足湯，尤其是大觀莊旅館在海岸遊步道打造一條長30公尺的足湯區，可供100人同時泡腳，是日本海側最大的足湯場所。

岩船港鮮魚センター

岩船港鮮魚中心

享用從岩船港現撈的鮮美海鮮

http iwafune.or.jp／新潟縣村上市瀬波溫泉3-6-38／(0254)52-1261／08:30～17:00／JR羽越本線「村上站」搭計程車15分鐘／1小時

岩船不僅是新潟越光米的三大產地之一，岩船港還是新潟很重要的漁港，縣內許多超市販賣的海鮮都會特別標示是來自於岩船港。在瀬波View Hotel的斜對面有一個岩船港鮮魚中心，就是岩船港魚販的直賣所，海鮮種類豐富，還有一些少見的海產例如鯨魚肉。

鮮魚中心當然還有可以品嘗海鮮的餐廳，推薦1樓食堂的丼飯，和2樓海鮮餐廳的海鮮丼與海鮮咖哩飯。

1樓的食堂走大眾化路線，除了丼飯之外也賣拉麵和海鮮燒烤，並設有戶外座位區。而2樓的海鮮餐廳裝潢比較高檔，價位也比較高。

1. 岩船港鮮魚中心是本港海鮮的直賣所／2,3.2樓餐廳的海鮮定食與海鮮咖哩飯／4.1樓食堂的3種蝦子丼飯

カンガスブルーベリーファーム

カンガス藍莓農園

縣內最大的藍莓園

http niigata-blueberry.com／新潟縣胎內市中村浜2-29／(090)7907-0140／09:00～16:00／1,000日圓；入學前幼兒免費／自駕／1小時

6月底～7月底是藍莓的產季，推薦大家可以到這間新潟最大的藍莓園採藍莓，約6千坪大的農園內種植了24個品種、共6,000棵以上的藍莓樹，並販售藍莓的加工品和藍莓蜂蜜，入園費用1,000日幣(入學前幼兒免費)，60分鐘內吃到飽。由於完全不噴灑農藥，園區內會有許多昆蟲及蜜蜂出沒，採果時請注意安全。

1,2. カンガス藍莓農園是新潟最大的藍莓園

関川

被群山與清流環抱的溫泉小鎮

越後関川温泉鄉

清流荒川沿岸景色秀麗的溫泉鄉

http sekikawa-onsen.com／新潟縣岩船郡關川村大字下關 110-2(越後關川溫泉鄉旅館組合)／(0254)64-1341／JR米坂線「越後下關站」搭計程車或旅館接駁車至各溫泉區

越後關川溫泉鄉是位於新潟縣北部關川村的5個溫泉地的統稱，包括高瀨溫泉、鷹之巢溫泉、雲母溫泉、湯澤溫泉以及桂之關溫泉，全部位在清流荒川的沿岸，擁有豐富的自然景觀以及四季不同的美景，並提供美味的山菜、野菇料理以及川魚料理，深受歡迎。

高瀨溫泉

源泉69度，是5個溫泉地中旅館數量最多的，溫泉區旁的荒川河堤，到了春天櫻花滿開，十分壯觀。

鷹之巢溫泉

最靠近荒川上游，泉質是54度的硫酸鹽泉，帶著淡淡的硫磺味。這裡只有兩間旅館比鄰，1間是祕湯守護協會的成員「鷹之巢館」，1間是「喜久屋」，都是別墅型的高級旅館，住宿一晚價格不斐。

雲母溫泉

源泉62度，位在荒川左岸，溫泉區內有2間旅館，可以眺望雄偉的飯豐連峰與朝日連峰，離國道113號也非常近。

湯澤溫泉

是本區最古老的溫泉，已有800年的歷史，源泉有兩處，分別是29度和55度的溫泉。

桂之關溫泉

是本區唯一設有日歸健康保養溫泉會館的溫泉，源泉溫度74.5度，男女大浴場、露天風呂、三溫暖等設施完備，非常適合旅途疲憊的遊客到此歇腳。

1

2

3

4

5

1. 高瀨是越後關川溫泉鄉旅館最多的溫泉區／2. 越後關川溫泉鄉唯一一間祕湯旅館「鷹之巢館」／3. 雲母溫泉一隅／4. 湯澤溫泉街的傳統風情／5. 桂之關溫泉是設有日歸泡湯的大型溫泉會館

渡邊邸

富農的超氣派豪宅

http watanabetei.com／📍新潟縣岩船郡關川村下關904／☎(0254)64-1002／🕘09:00～16:00／休12/29～1/3／$成人600日圓；中小學生250日圓／➡JR米坂線「越後下關站」徒步10分鐘／⌛0.5小時

渡邊以酒造以及船運業起家，藉由資金借貸以及開墾田地成為豪農。當年小農將採收的米扛來渡邊家豪宅完成驗收，並留在圍爐旁休息喝茶，據說爐火不曾熄滅過。渡邊經營的事業還包含1,000公頃的山林、700公頃的耕地。

面積達1公頃，宅邸占17公畝，面對著國道113號，渡邊邸的氣勢非常壯觀，曾經同時雇用75人來分擔邸內工作。渡邊邸在1788、1816年分別發生過火災，目前的建築是1817年之後再建的。宅邸於1954年被指定為國家重要文化財，1963年被指定為國家名勝。渡邊家後代也持續開發耕地，留下許多重要的文化財。

1

2

3

1. 渡邊邸大器的外觀，是本地非常知名的豪農宅邸／ 2. 當年小農前來渡邊家繳米後會在爐火旁小憩／ 3. 渡邊邸廚房一隅

東桂苑

豪農分家了還是豪農

📍新潟縣岩船郡關川村下關906-2／☎(0254)64-1349／🕘09:00～16:00，每年4月中旬～11月上旬開放／$成人100日圓；中小學生50日圓／➡JR米坂線「越後下關站」徒步8分鐘／⌛0.5小時

上述的渡邊邸在明治38年(1905年)第十代主人善鄉氏成人之後就分家，集結明治時期的建築技術精華蓋了新豪宅，面積近1,650坪。到了昭和57年(1982年)，轉由關川村管理，東桂苑是當時公開徵求的名稱，現在成為極受村民喜愛的休憩場所。

冬天時東桂苑休館，渡邊邸維持開放，但因為渡邊邸是超過200年以上的舊建築，屋內並無暖氣空調，建議參觀時穿上兩層襪子，並自備暖暖包禦寒。

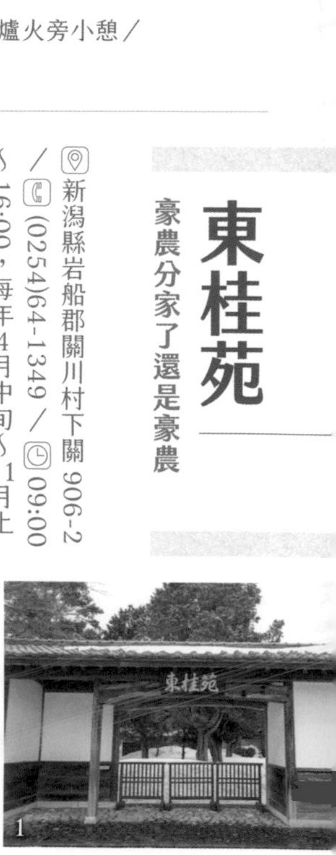

1

2

3

1. 東桂苑外觀／ 2. 內部也十分氣派
3. 東桂苑的庭園景觀

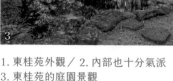

大蛇祭

每年8月底最奇特的祭典

大蛇祭是由大里峠傳說（大蛇吃人的故事）發想而來的祭典，是關川村夏天最大型的活動。雖然祭典源自於傳說，但主辦單位認為真正的目的是為了體現鄉村的美好，讓村民都能親身參與。

50多年前的羽越水災曾造成許多民眾罹難，為了記取教訓並記錄下來，大蛇越做越長，目前大蛇是由頭部和55節身體所組成，平時放在關川村各集落保管。（每年舉辦時間、地點等資訊，請參考關川村役場官網 vill.sekikawa.niigata.jp）

2001年重達2噸、長82.8公尺、粗1.2公尺的大蛇獲得金氏世界紀錄，扛著大蛇遊行成了祭典的最高潮。

1. 獲得金氏世界紀錄的蛇／2,3,4. 大蛇祭是關川村最引人注目的傳統活動
（照片提供：關川村）

猫ちぐら

美觀又實用的超人氣熱賣工藝品

用新潟縣和長野縣種植的稻草編織而成的貓／狗屋，是當地傳統手工藝品，每一件都是老師傅親手編製，因為稻草的紋路都不一樣，每一個貓／狗屋都是獨一無二的。貓／狗屋編織得非常緊密而厚實，頗有重量，再頑皮的貓、狗應該也推不倒。

據說經過媒體報導之後，貓／狗屋曾經熱賣到平均要等待半年才會到貨。雖然是稻草編織而成，但質地非常細緻舒服，外觀也很優雅，而且冬天非常保暖。

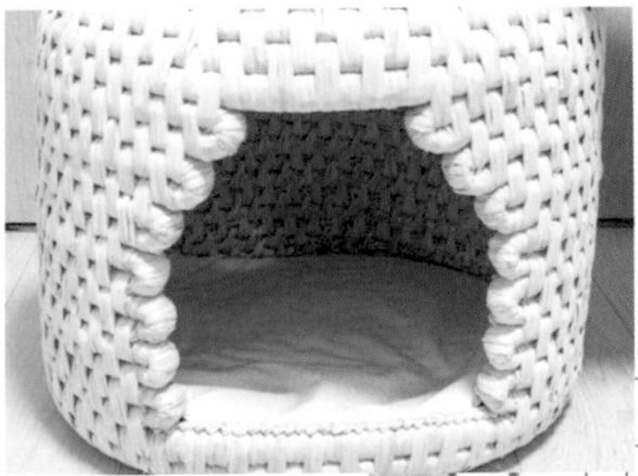

猫ちぐら都是職人手工一個個編織出來的

粟島浦村

滿滿人情味的純樸小島

1. 推薦租自行車環遊粟島浦村(有親子車)／2. 旗崎海水浴場可以撿拾到許多可愛的貝殼
3. 粟島浦村的村民以漁業為主／4. わっぱ煮是本島的傳統料理／5. 粟島浦村港口大樓(1樓為觀光案內所)

粟島浦村

遠離塵囂的遺世島嶼

JR羽越本線「村上站」搭計程車15分鐘至岩船港，再轉搭一天2～4班的粟島汽船。詳細旅遊資訊請參考粟島觀光協會網站(awa-isle.jp)

小島人口僅有300多人，環島一周23公里，騎自行車約3小時就可以繞完。島上沒有警察局、消防隊、救護車、醫生或便利商店，只有老舊的傳統雜貨店，村民如果生病必須到本島就醫，或是等待定期的巡迴醫療。所以遇到突發事件時不能撥打119，需要找村公所。

島上的旅行方式可以選擇租借自行車或是搭乘環島巴士，在港口旁的粟島觀光案內所租得到自行車，並可索取詳細的景點地圖。從港口走路5分鐘就到島上唯一的溫泉會館「漁火溫泉おと姫の湯」，消除騎車一天後的疲憊，這裡也有島上唯一的公共Wi-Fi熱點。

島民以從事漁業為主。粟島的傳統名物叫做「わっぱ煮」，就是把一塊塊燒紅的石頭丟入滾燙的魚湯中，是來粟島一定要品嘗的傳統料理(詳見P.75)。

粟島原本是一個不需要紅綠燈的地方，但是島民發現孩子出島後看不懂紅綠燈，反而增加危險性，所以這幾年在小學前設了島上唯一的一座教學紅綠燈。這個純樸到近乎天真的地方，真的非常推薦大家前來體驗。

駐足新潟

日本第一處成功人工養殖鮭魚

村上的鮭魚文化

從江戶時代(17 世紀初)開始，鮭魚就是村上的重要財源。到了明治時代(19 世紀中期)，日本第一次在村上的三面川成功地以人工方式養殖鮭魚，更讓鮭魚產量大增。不論是作為傳統食材，或是經濟上的財源，鮭魚在村上人的生活中占有非常重要的地位。在這裡可以看到超過百種的鮭魚料理方法，家家都有引以自豪的鮭魚料理味道，並且代代傳承下去。

當地的傳統 捕鮭技法

秋天是捕鮭的季節，在這裡可以看到傳統的捕魚技法，包括「一括採捕」、「居繰網魚」和「繩釣」。

一括採捕：就是在三面川的河面上設置一種叫做「ウライ」的柵欄，想要迴游產卵的鮭魚被柵欄擋住就會游進旁邊的鐵網中。這個方法在豐收期每天大約可以捕到 600 尾鮭魚。

居繰網魚：需要同時出動 3 艘小船，其中 2 艘負責張網，另 1 艘用竹竿敲打河面，將鮭魚趕入網中；這種捕魚法在全日本只有三面川這裡才有。每年 10 月底～到 11 月底的 1 個月期間，在鮭魚孵化場附近會定時表演這 3 種捕魚法。

1. 一括採捕的捕鮭方式／ 2. 在三面川畔進行繩釣的人／ 3.3 艘小船正等待時機下水進行居繰網魚

節慶裡的 鮭魚特色料理

鮭魚是本地人餐桌上不可或缺的主角。

例如，7 月 7 日的村上大祭，居民將熟成的鹽引鮭(鹽漬鮭魚)切成薄片放在盤子上，再倒入日本酒與鮭魚一起食用。每年 11 月，居民會為年滿 5 歲的男孩舉辦「袴儀」的祝賀典禮，就以鮭魚當主餐。除夕的主菜也是鹽引鮭，先用鮭魚的下巴供奉神明，再給男主人食用。新年的正月料理是用鹽引鮭做成的鮭魚飯壽司。

鮭魚文化的 觀光魅力

村上與鮭魚關係密不可分，當地有一些店家、景點也以鮭魚為主題，成為觀光景點。

千年鮭きっかわ

這裡專門製造和販售鹽引鮭(鹽漬鮭魚)，是村上最知名的鮭魚加工業者。從商店走進去，一直走到房屋深處，就可以看到天花板上吊掛著千隻以上正在熟成中的鮭魚，景象壯觀。建築物本身也是有名的百年町屋建築。

http murakamisake.com ／ 新潟縣村上市大町 1-20 ／ (0254)53-2213 ／ 09:00 ～ 17:30 ／ JR 羽越本線「村上站」徒步 25 分鐘／ 0.5 小時

イヨボヤ会館／鮭魚博物館

這間日本最早的鮭魚博物館，可以參觀鮭魚孵化場，地下樓層緊鄰三面川的支流種川，隔著透明玻璃可以看到鮭魚洄流的景象。

三面川每年大約採集 1 千萬顆以上的鮭魚卵，到了春天再將約 8 百萬隻長到 5 ～ 7 公分的幼魚放流回去，4 年後這些長大的幼魚會洄游到三面川。在這裡可以觀察到鮭魚的生態。

http iyoboya.jp ／ 新潟縣村上市塩町 13-34 ／ (0254)52-7117 ／ 09:00 ～ 16:30 ／ 成人 600 日圓；高中以下 300 日圓(未就學幼兒免費)／ JR 羽越本線「村上站」徒步 20 分鐘／ 1 小時

佐渡

佐渡島是日本第二大島，僅次於沖繩本島。佐渡島也是新潟三大越光米的產地之一，盆舟體驗、佐渡金山、欣賞國寶朱鷺的姿態等，都是非常吸引人的魅力所在。

在美食部分，來到佐渡島一定要試試炸鰤魚飯和各種壽司、海鮮料理，有名的佐渡乳業直賣所的牛奶霜淇淋也不要錯過。此外，島上有5間酒造，遊客可以將各家的日本酒都品嘗比較看看。想要來佐渡島旅遊的話，建議安排至少3或4天的時間慢遊，因為這裡的景點很多，不乏知名的打卡景點，匆忙來去十分可惜。

分區地圖

1. 七浦海岸的夫婦岩／2. 宿根木三角家前

佐渡

島、綠山與藍海的邂逅

盆舟體驗

《神隱少女》經典場景重現

島上最廣為人知的水上活動應該就是搭盆舟了。從前居民乘坐盆舟是為了捕撈海帶、鮑魚、蠑螺等海產，後來演變成為一種觀光工具。

佐渡島有3個地方可以搭坐盆舟，包括小木港、矢島經島與宿根木。筆者認為宿根木是最推薦搭盆舟的地方，因為這裡的海景十分美麗。這一帶是礁岩地形，礁岩下方有許多海膽與藤壺，盆舟裡提供一種透明底部的小木桶，可以放在海面上欣賞海底景觀。

宿根木也是知名的古建築保存地，從江戶時代到明治時代（即17～19世紀初），曾是北前船中途停靠的港口，發展繁榮，吸引許多造船師到此居住。這裡的建築特色是利用一片片的船板，垂直式環繞房屋四周，以抵擋強勁的海風。JR東日本鐵道公司曾邀請明星吉永小百合，在宿根木的三角家前拍照，作為宣傳海報，現在也成為人氣打卡點。

以下是可以乘坐盆舟的3個地方，不妨親自體驗一下盆舟的魅力！

小木港（力屋觀光汽船）

http park19.wakwak.com/~rikiyakankou／新潟縣佐渡市小木町1935／(0259)86-3153／3/1～8/10 08:30～17:00；8/11～8/15 08:00～17:00；8/16～10/25 08:30～17:00；10/26～11/25 08:30～16:30；11/26～2/28 09:00～16:00／中學以上700日圓；4歲以上400日圓／佐渡小木港直結／佐渡兩津港開車60分鐘／乘船時間7～8分鐘

矢島經島

新潟縣佐渡市小木365-1／(0259)86-2992／09:00～16:00／休 10/21、11～3月／成人600日圓；幼童400日圓／佐渡小木港開車5分鐘／佐渡兩津港開車70分鐘／乘船時間7～8分鐘／只收現金

宿根木

http shukunegi.com／新潟縣佐渡市宿根木393（宿根木體驗學習館）／(090)4835-5446／4～11月 09:00～18:00／依搭乘時間而定／佐渡小木港開車10分鐘／1.5小時（包括遊覽宿根木古建築群）／只收現金

1. 搭乘盆舟是佐渡島一定要體驗的活動／2. 宿根木的盆舟上可觀察海底景觀／3. 宿根木的老建築群值得專程來欣賞

琴浦洞窟

佐渡版的義大利藍洞

新潟縣佐渡市琴浦／12月～隔年3月休航；或是視天候臨時休航／小木港搭乘力屋觀光船或噴射船至琴浦洞窟／0.5小時

最南端的琴浦洞窟群有著各種奇奇怪怪的洞窟，要來這裡只有搭船才可以抵達。其中「龍王洞」是佐渡島最大的海蝕熔岩洞窟，天晴時，在陽光的照射下，洞窟的海水會反射出寶藍色的光芒，所以又被稱為佐渡版的義大利藍洞，堪稱本島南邊最魔幻的景點。

從小木港搭乘力屋觀光汽船到琴浦洞窟來回約25分鐘，汽船駕駛行經洞窟周邊時，會放慢速度進行解說。觀光汽船在每年4～11月期間提供航行服務，但期間也有可能視天氣狀況臨時休航，出發前最好先以電話確認。除了從小木港搭船，在小木潛水中心也可以租借獨木舟划至琴浦洞窟，全程約3小時。

2

1

3

1,2. 琴浦洞窟的海水是魔幻的寶藍或綠色
3. 搭乘噴射船可以快速抵達琴浦洞窟群

長谷寺

到古寺嘗試奇特的暗黑體驗

新潟縣佐渡市長谷 13／saco-choukokuji.jp／(0259)66-2052／08:30～17:00／佐渡兩津港開車30分鐘／1小時

相傳是弘法大師於西元807年創立，距今已有1,200年以上的歷史，所供奉的11面觀世音菩薩像是國家重要文化財，寺內還有多個佛像或建築物，因年代久遠，也已列入新潟縣指定文化財。由於長谷寺的牡丹花最為出名，也稱為牡丹寺。

長谷寺也是佐渡島上有名的兔子寺院，近年來還蓋了一座巨大的兔子雕像，夜間時兔子眼睛會射出紅色的雷射光束，成了島上的夜間景點。

寺內提供寫經、坐禪和暗黑體驗的活動；所謂的暗黑體驗，就是躺在棺木裡，體驗一個人來去人生的孤獨感，住持會在棺木的外面進行10～20分鐘的法語開示，而且住持還是一位風趣又有智慧的長者。

1

尖閣湾

媲美北歐海岸線的絕景

http sado-ageshima.com／ 新潟縣佐渡市北狄1561(尖閣灣揚島遊園)／ (0259)75-2311／ 3～4月08:30～17:00；5～9月08:30～17:30；10月08:30～17:00；11～2月08:30～16:30／ 成人500日圓；兒童300日圓(海中透視船：成人1,400日圓；兒童800日圓)／ 佐渡兩津港開車45分鐘／ 1.5小時

從姬津到北狄約3公里長的海岸線，共有5個海灣合稱為尖閣灣。昭和7年(1932年)時，文部省天然紀念物調查委員脇水鉄五郎來到此地，盛讚此處為天下絕景，不亞於北歐挪威的哈當厄爾峽灣，命名為尖閣灣。昭和9年(1934年)文部省指定為名勝地，昭和25年(1953年)列入國家公園，昭和28年(1956年)菊田一夫的電影《你的名字》(君の名は)就在這裡的遊樂園拍攝，尖閣灣隨即轟動全國，平成8年(1996年)更被選為日本海岸百選。

尖閣灣揚島遊園內的海中透視船，出航時間是從3月中旬～11月下旬，全程約15分鐘，可以享受置身於海中的感覺。水族館展示尖閣灣近海的海水魚，近年更引進數位化水槽，將佐渡的海洋生態濃縮於銀幕中。

1. 揚島遊園的水族館可以體驗餵食／ 2. 尖閣灣是佐渡島非常有名的景點／ 3. 各種奇岩怪石是尖閣灣迷人之處

1. 寺內有名的兔子雕像／ 2. 來到長谷寺可以體驗坐禪／ 3. 長谷寺的正門／ 4. 長谷寺境內莊嚴寧靜

トキの森公園

近距離欣賞國寶級的新潟縣鳥

朱鷺之森公園

新潟縣佐渡市新穗長畝 383-2／(0259)22-4123／週二～日 08:30～17:00(最後入園 16:30)／成人 400 日圓；中小學生 100 日圓／佐渡兩津港開車 15 分鐘／1小時

開往新潟的新幹線叫做「朱鷺號」(トキ)，朱鷺就是新潟的縣鳥。雖然日本的國鳥是雉(キジ)，但一般認為朱鷺才是象徵日本的鳥。

2003 年的10月10日，最後一隻叫做 Kin(キン)的朱鷺在佐渡島死亡，從此日本的野生朱鷺宣告絕跡，幸好中國曾經贈送朱鷺給日本，日本就靠著這批朱鷺，在 1999 年人工孵化成功，並在 2007 年時再度野放到佐渡島，所以現在日本的朱鷺其實是中國贈送的後代。日本曾做過研究，發現日本的野生朱鷺和這些來自中國的朱鷺，基因 100% 相同。而當年那隻最後死亡的 Kin 的遺體也被做成標本，陳列於「朱鷺之森公園」。

朱鷺之森公園是島上專門飼育朱鷺的研究展示中心，可以近距離觀察朱鷺的生長情況。朱鷺很敏感，所以園區內不可以撐傘，不能使用閃光燈，也不可以大聲交談，以免嚇到朱鷺。目前佐渡島上的朱鷺大約已自然繁殖超過 500 隻，在人跡罕至的田野間比較容易看到野生朱鷺的蹤跡。來佐渡島的朋友，不妨在田地間、樹林裡，尋找看看有沒有朱鷺的身影吧！

3

2

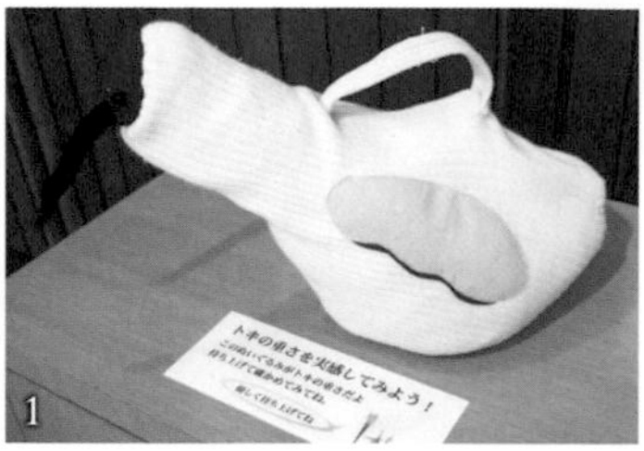
1

5

4

6

1. 跟朱鷺實際體重等重的沙包，供遊客感受其重量／2. 日本最後一隻叫做 Kin 的野生朱鷺標本／3.「朱鷺之森公園」由人工飼育許多朱鷺／4.「朱鷺之森公園」是認識朱鷺最佳的場所，園區占地廣大／5. 天空飛翔的朱鷺／6. 在田間覓食的野生朱鷺

大間港

金銀山礦石出入運輸的港口

新潟縣佐渡市相川柴町16／08:00～18:00(出入口開放時間)／佐渡兩津港開車50分鐘／0.5小時

明治25年(1892年)為了將島內金銀山採掘的礦石輸出，以及將島外的資源運進來，建設了大間港。在水泥建築普及化之前，大間港港口的堤防、護岸、橋墩、煉瓦倉庫和大型機具的基座等的建造，採用的是たたき工法，也就是將消石灰(即熟石灰)加入土砂和水混和製作而成的建材，從明治30年(1897年)開始，這種たたき工法才廣泛運用在全國的公共工程上。

現在來到大間港，仍然可以看到這些建築的遺跡，這裡也在2015年獲得日本土木協會認定為珍貴的土木遺產。需注意的是，大間港的港區屬私有土地，車輛不可進入，請勿隨意停車，自駕前來的遊客請將車輛停放在附近相川體育館的停車場。

1,2. 大間港仍然保留了當年港口建設的遺跡

豆知識

有形民俗文化財

佐渡島又稱「能樂之島」，島上原有200座能舞台(即表演能劇的舞台)，雖然現在數量大減，但偶爾還能看到。目前有8處能舞台列入有形民俗文化財，在島上旅行時不妨找看看喔！

1, 新潟縣指定文化財的諏訪神社能舞台／2. 老松是能舞台不變的背景

島上的大草鞋

真野町每年都會製作一雙超大型的草鞋掛在路邊，這是當地的習俗，起源是想讓外界認為「我們這裡有長得這麼高大的壯漢唷！」，讓外人不敢任意入侵村莊，有除兇趕惡的意味。

妙宣寺

新潟縣內唯一的五重塔

新潟縣佐渡市阿仏坊 29／(0259)55-2061／佐渡兩津港開車 30 分鐘／0.5 小時

妙宣寺為佛教日蓮宗的寺院，也是日蓮宗佐渡三本山之一。寺內的五重塔是新潟縣內唯一的五重塔，建於江戶時代後期，由當時佐渡相川町的建築大師父子二人花了30年的時間才打造完成，高達24.11 公尺，是國家重要文化財。

除了五重塔之外，風格獨特的仁王門、祖師堂的迴廊，以及庫裡(即佛寺的廚房)的茅草屋頂，都是參觀重點。

北雪酒造

讓酒聽音樂的酒造

sake-hokusetsu.com／新潟縣佐渡市德和 2377-2／(0259)87-3105／佐渡兩津港開車 47 分鐘／0.5 小時

明治 5 年(1872 年)從一間小小的店面開始創業，昭和23年(1948 年)成立有限會社羽豆酒造場，到了平成 5 年(1993 年)才正式改名為株式會社北雪酒造，至今已超過 150 年。

自創業以來，除了繼承傳統的製酒技術，也加入現代化的創意，例如引進超音波震動、導入離心器、讓酒聽音樂等新思維，如何讓傳統與革新並存是北雪酒造的新挑戰。

酒造所使用的米都是和農家契作的梯田米，不使用農藥及化學肥料的自然農法，種植出越淡麗和五百万石這兩種最適合製酒的米，因此製作出上等的日本酒，在新潟有許多北雪酒造的支持者。

1. 北雪酒造的外觀／2. 超音波熟成中的酒／3. 北雪酒造提供試飲的酒／4. 酒造提供試飲和商品銷售(兒童有無酒精飲料)

七浦海岸

日本夕陽百選地之一

新潟縣佐渡市高瀬（夫婦岩）／佐渡兩津港開車50分鐘

七浦海岸是佐渡相川地區從鹿伏到二見，一共穿過7個村落的10公里長海岸線，屬於典型的隆起海岸。冬季吹來的強風與波濤洶湧的海浪，沖擊沿岸的珊瑚礁地形，打造出獨特的奇觀，而落日餘暉更是將海岸線妝點得華麗繽紛，也是日本的夕陽百選地點。

夫婦岩、位在七浦海岸中心位置的長手岬、春日崎等3處，都是七浦海岸的代表景點，也是觀賞夕陽的最佳之處。夫婦岩旁有間土產店以及一個傳統的煮鹽工房，遵循古法製鹽，還販賣美味的鹽味霜淇淋。

1. 七浦海岸的夫婦岩／2. 欣賞夕陽的絕佳景點

佐渡太鼓体験交流館

男女老少都可以體驗太鼓的樂趣

tatakokan.jp／新潟縣佐渡市小木金田新田150-3／(0259)86-2320／09:00～17:00／佐渡兩津港開車1小時／1小時

佐渡太鼓體驗交流館又稱為たたこう館，是鼓童文化財團經營的設施，館內的大太鼓是用樹齡600年的原木製成的。太鼓講師隨時在場指導，體驗者很快地就可以隨著節拍敲擊太鼓，非常有趣。

鼓童集團已經在全世界50個國家及地區進行6,500次以上的公演，鼓童的太鼓演出極具張力，隨著鼓聲和演出者的動作，可以將觀眾帶入高潮迭起的情境中。

1. 佐渡太鼓體驗交流館可以體驗敲打超大的太鼓／2. 原木製成的大太鼓，聲音從根部的樹洞傳出

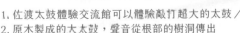

佐渡西三川 Gold Park

體驗淘金的苦與樂

http e-sadonet.tv/goldpark／新潟縣佐渡市西三川835-1／(0259)58-2021／3～4月及9～11月08:30～17:00；5～8月08:30～17:30；12～2月09:00～16:30／成人、中高校生1,200日圓；小學生1,000日圓／佐渡小木港開車20分鐘；佐渡兩津港開車50分鐘／1小時

Gold Park這一帶叫做西三川，是日本最古老的金山，根據平安時代（西元794年～1185年）的民間故事集《今昔物語》裡的記載，戰國時代上杉謙信的資金來源就是從這裡取得的。此處最熱門的活動就是體驗淘金。

第一次來的遊客推薦先從初級課程開始，只要按照工作人員指示進行，每個人或多或少都會淘到沙金；中級課程是在半室外的人造河川上進行；高級課程則是到旁邊真正的河床上淘金。如果有機會請務必來試試看。

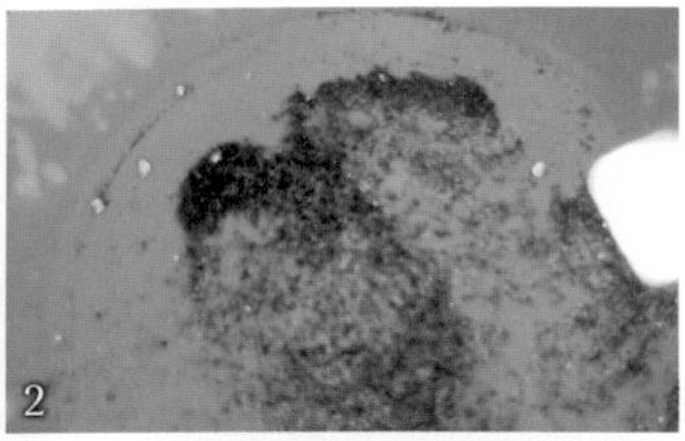

1. 島上最有趣的活動之一就是體驗淘金／2. 工作人員講解及引導，輕鬆掌握掏金的技巧／3. 淘到的沙金可以用專用瓶帶走

佐和田海水浴場

方便安全的人氣海水浴場

新潟縣佐渡市河原田本町／09:00～16:30（開放季節內有救生人員在場的時段）／佐渡兩津港開車35分鐘／0.5小時

從河原田商店街徒步2分鐘就可以抵達佐和田海水浴場，是一個海浪穩定、地形平緩的海岸。位在佐渡島的中央位置，無論從哪裡過來都很方便。在海水浴場開放的季節，這裡總是湧入大群遊客。在步行可到的範圍內，還有許多飲食店和旅館。

佐和田海水浴場近年最吸引人的是它延伸到大海中的木棧道，搭配著夕陽餘暉，浪漫又溫柔的景色，讓這裡成為熱門的打卡景點。

佐和田海水浴場的木棧道已經成為熱門的打卡景點

佐渡乳業直賣所

新鮮健康的高級乳製品

新潟縣佐渡市中興 122-1／(0259)63-3151／10:00～16:00／休 週三／佐渡兩津港開車 17 分鐘／0.5 小時

佐渡乳業公司出品的牛奶，強調從養一隻健康快樂的牛開始，號稱是 100% 純淨無污染、無調整的牛奶。佐渡乳業公司的直賣所，除了鮮奶和各種乳製品（奶油、起司）之外，人氣最夯的就是霜淇淋，牛奶口味是基本款，但更推薦市面上比較少見的卡門貝爾起司霜淇淋。

佐渡乳業的牛奶盒設計也很吸睛，牛奶盒照朱鷺的身形設計，喝完後依盒上的線條，就可以剪成一隻飛翔的朱鷺喔！

1. 佐渡乳業公司旁附設的直賣所，可以買到各種相關產品／2. 牛奶盒剪開就是飛翔的朱鷺

旅遊 Spotlight

精選 迴轉壽司及人氣海鮮店

すしやまるいし

石原水產直營的迴轉壽司店

新潟縣佐渡市泉 1031-1／(0259)63-3066／11:00～21:00／休 週四／佐渡兩津港開車 20 分鐘／只收現金

弁慶佐渡本店

佐渡島上的超人氣迴轉壽司

sado-benkei.com／新潟縣佐渡市東大通 833／(0259)52-3453／10:30～21:00／休 週二／佐渡兩津港開車 30 分鐘

まつはま

小木港居民一致推薦的海鮮名店

新潟縣佐渡市小木町 1940-32／(0259)86-2851／11:30～13:30、17:00～22:00／休 每月第一、三個週日／佐渡小木港開車 3 分鐘／只收現金

長三郎

號稱滿意度 120% 的正統壽司店

新潟縣佐渡市新穗 81-4／(0259)22-2125／11:00～22:00／佐渡兩津港開車 15 分鐘

蓮華峰寺

美麗紫陽花圍繞的幽靜古寺

新潟縣佐渡市小比叡 182／(0259)86-2530／佐渡小木港開車11分鐘／1小時

佐渡島南端最大的佛寺，又叫做小比叡，境內約3,000坪，相傳是弘法大師開山的古剎，與大阪的金剛寺、奈良的室生寺，合稱為真言宗三大聖地。本寺因種植7,000棵紫陽花（即繡球花），也被稱為紫陽花寺，吸引許多古今俳句詩人來訪，留下不少詠嘆的詩句。

寺院內的金堂、骨堂與弘法堂皆為國家指定重要文化財。金堂位於寺院的中央，其茅葺建築（即茅草屋頂）建造於500～700年前的室町時代，號稱是縣內最古老的茅葺建物，堂內供奉觀世音菩薩。弘法堂內則安置弘法大師的坐像。寺內另有16處建築物也屬於國家有形文化財。

因寺內還有德川家康和德川秀忠的陵墓，因此正堂外面裝飾著代表德川家徽的葵紋。

1. 蓮華峰寺環境清幽／ 2,3. 本寺是島上最有名的紫陽花名所

岩首昇竜棚田

島上最美的梯田區

新潟縣佐渡市岩首／佐渡兩津港開車45分鐘／0.5小時

岩首昇龍棚田是位在岩首地區標高350公尺以上的梯田，從江戶時代就有農家在此耕作，目前仍然殘留460座梯田。從最頂端的展望小屋向下看，可以看到整片梯田的全貌，黎明時還可以欣賞到太陽從海面升起的耀眼美景。

岩首昇龍棚田位在半山腰，視野開闊

清水寺

與京都清水寺別有淵源

http sado-seisuiji.jp／新潟縣佐渡市新穗大野 124-1／(0259)22-2167／佐渡兩津港開車 20分鐘／0.5 小時

第50代桓武天皇非常信仰京都清水寺的本尊千手觀世音菩薩，他感嘆遠在佐渡的居民難以前往京都參拜，於是在延曆24年（805年）派遣賢應法師來到佐渡。賢應法師抵達佐渡島後，在河裡發現了發光物體，溯源而上到了此山，在松樹下露宿一夜。次日早晨，賢應法師睡醒後，眼前竟然出現了不可思議的一幕，有一個光明童子現身對他說：「此地乃大悲佛身應現之地，倘若在此地建立寺廟，安置佛像，敬拜供奉，則諸願成就。」賢應法師將此事稟告了桓武天皇，天皇非常高興，下令賢應法師在事件發生地的東面開山，大同3年（808年）建寺，就是現在的佐渡清水寺。

清水寺的石板階梯充滿古樸的氛圍

へんじんもっこ

紅到國外的好吃香腸店

新潟縣佐渡市新穗大野 1184-1／(0259)22-2204／09:00～17:00／佐渡兩津港開車25分鐘／0.5 小時

這是島上一間使用新潟豬肉製造香腸和臘腸的專賣店，位在馬路邊，外觀雖然毫不起眼，但卻非常有名，各種香腸製品都很暢銷。很難想像在一個偏遠的小島上，會有一間以製作歐式食材而出名的美食店家呢！

1. へんじんもっこ香腸店外觀／2. 各式各樣的香腸製品都非常熱銷

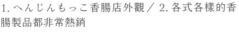

きらりうむ佐渡

佐渡金銀山的綜合導覽設施

新潟縣佐渡市相川三町目浜町18番地1／(0259)74-2215／08:30～17:00／入館免費；進入展覽室成人300日圓；中小學生150日圓／佐渡兩津港開車50分鐘／1小時

島上最新的佐渡金銀山導覽設施，是為了推動佐渡金銀山列入世界遺產登錄的其中一項建設。佐渡金銀山其實是三個金銀山之通稱，涵蓋範圍廣大，包括西三川砂金山、鶴子銀山以及相川金銀山。西三川砂金山是佐渡島最古老的砂金山；鶴子銀山是1542年發現的島上最大的銀山，目前已經確認的採掘遺跡就有600處以上；而相川金銀山就是一般遊客都會去參觀的坑道。

在展示室內，可以看到這三大金銀山的歷史變遷；館內的小劇場，用非常細膩的影片呈現當年金礦銀礦生產的樣貌。建議遊客可以先來此了解佐渡金銀山的歷史意義，再去坑道內部參觀。

1. きらりうむ佐渡是最新建立的佐渡金銀山導覽設施／2. 小劇場可以觀賞金銀山的介紹影片

万畳敷

有著清澈倒影的天空之鏡

万畳敷

新潟縣佐渡市沢崎／佐渡小木港開車15分鐘／0.5小時

萬疊敷是因為海底地震而隆起的一片平台，在這裡可以採集到高品質的岩海苔，附近的澤崎集落的海苔製造加工產業十分興盛。天氣晴朗時，萬疊敷在海水退潮之際，可以看到天空倒映在水面上的絕景，彷彿玻利維亞西部的烏尤尼鹽湖般的景致，尤其是在傍晚，映著夕陽的萬疊敷，景致難以形容，絕對值得前來探訪。

萬疊敷被稱為天空之鏡，許多遊客來此就是為了拍倒影

正積極推動列入世界遺產的景點

佐渡金山

日本最大的金銀山

佐渡金山從 1601 年就開始開山採礦，直到 1989 年因為資源枯竭而終止，是日本最大的金銀山，層層疊疊、四通八達的採礦通道，加起來的總長度達到 400 公里，約等於佐渡島到東京的距離。

從江戶時代初期的元和到寬永年間(即 17 世紀初、中期)，是佐渡金山的採礦全盛期，1 年可以開採出 400 公斤的黃金，是當時世界上產量最高的金礦之一。由於整座金山的面積非常廣大，而且坑道遺跡、採掘製煉設施、採礦技術與生產方式演變等，幾乎都被完整地記錄與保存下來，被指定為日本的重要文化財、重要史跡和近代化產業遺產，近年來日本政府一直積極爭取將佐渡金山納入世界遺產。

http sado-kinzan.com ／ 新潟縣佐渡市下相川 1305 番地／ (0259)74-2389 ／ 4 ～ 10 月 08:00 ～ 17:30；11 ～ 3 月 08:30 ～ 17:00 ／ 參觀宗太夫坑或道遊坑：成人 1,000 日圓；中小學生 500 日圓／ 佐渡兩津港開車 60 分鐘，或搭公車(往佐渡金山)70 分鐘／ 2 小時

1

2

3

1. 佐渡金山商店的各種金子相關商品／ 2. 外觀很吸引人的金箔霜淇淋／ 3. 佐渡金山的售票處海報

觀光坑道 重現礦場風貌

目前佐渡金山開放兩個坑道給一般遊客參觀，包括「宗太夫坑」（需 30 分鐘）和「道遊坑」（需 40 分鐘），導覽人員通常會建議初訪的遊客先走宗太夫坑；但如果時間夠的話，建議宗太夫坑和道遊坑都進去參觀，深入了解採礦文化。

宗太夫坑總長約 280 公尺，從坑道入口向下前進，最深處大約是地下 3 樓。許多電動假人生動地展示江戶時代採礦的情景，做得栩栩如生，部分假人還會講話：「早く外に出て酒を飲みてえなあ！馴染みの女にも会いてえなあ！」（好想早點出去喝酒啊！去見那個熟悉的女人啊！）。

這或許也是許多礦工最真實的心聲。當時礦工的職掌分工很細，鑿壁、通風、排水和穩固岩盤等工作都有專門礦工負責，原則上工作一輪是 4 小時，但因為工作環境極差，礦工的壽命普遍不長。

宗太夫坑的出口連接商店和展示資料館。資料館內有一塊重達 12.5 公斤的金塊，可以試著從箱子上方的小洞口取出，如果能在限時 30 秒內單手拿出金塊，官方就會開立一張金箔證明，目前得到金箔證明的最小年紀是國小 5 年級的女孩。

1

2

3

4

1. 宗太夫坑的入場券／ 2. 宗太夫坑的出口／ 3. 宗太夫坑裡面有許多栩栩如生的電動假人／ 4. 結束坑道參觀後可以挑戰單手抓金塊

V字型的礦脈山體

道遊坑路線不像宗太夫坑，有那種電動假人的生動展示，主要是看坑道內、外的相關採礦設備。

其中最特別的景觀就是在走出坑道後，可以近距離看到「道遊の割戸」，還可以參拜高任神社。「道遊の割戸」是一座礦脈的山體裂成V字型的模樣，這可不是渾然天成的景象，而是因為當年不斷挖礦，導致一座山竟然被掏空而裂成兩半。

4

2

3

從選礦場遺址變成熱門廢墟

離開佐渡金山之後，開車大約5分鐘就到了北澤浮游選礦場，這個曾是世界上最早成功地將銅的製造過程中，所使用的浮游選礦技術，應用到金銀礦的提取。在二次世界大戰時，1個月可以處理5萬噸以上的礦石，是東洋第一大的選礦工廠。

這個已經廢棄的選礦場，如今變成一個龐大又滿布青苔的美麗廢墟，夏天的晚上還會點燈，顯得更加神祕又魔幻。

北澤浮游選礦場／新潟縣佐渡市相川北澤町3-2／佐渡兩津港開車50分鐘／0.5小時

4

1. 道遊坑保存了完整的坑道風貌／2. 因過度開採而造成的「道遊の割戸」景觀／3. 佐渡金山的企運神社「高任神社」／4. 北澤浮游選礦場的廢墟別有風情

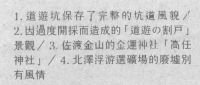

交通指南

新潟旅行的交通方式

從東京到新潟市 2 小時可達

新潟市從江戶時代（17世紀）起就是日本海側的知名港口都市之一，以這個都市為據點，前往縣內著名的景點，例如佐渡島、彌彥神社、燕三条等，都非常方便。即使是距離日本首都也是旅遊熱門地的東京，大約 300 公里的路程也不算遠，相當適合安排從東京到新潟的順遊或是輕旅行。

從東京出發前往新潟市，可以搭乘鐵道、巴士或飛機。只是巴士班次少，坐車時間又長，想要兼顧經濟又快速的方式，最推薦搭乘上越新幹線。

一般外國遊客可使用 JR PASS 從東京車站搭乘上越新幹線，每小時約有1～2班車次，沿途經過群馬縣的上毛高原站之後就進入新潟縣，在新潟縣內的停靠站依序是越後湯澤、浦佐、長岡、燕三条，最後就抵達新潟站了，從東京站到新潟站不過2小時的時間呢！歡迎造訪熱鬧繁華的東京時，可以順道到美麗的新潟縣一遊。

1. 新潟車站新幹線月台／2. 新型新幹線列車導入最高等級的 GRAN 車廂

飛機

新潟機場離市區很近，搭乘機場巴士只要25分鐘就可以從新潟站南口抵達機場。新潟機場也是新潟往來日本各大城市的重要據點。近年來從台灣桃園機場有直飛新潟的航班，搭乘直飛航班最方便，可省去從東京或其他城市轉乘的時間。

機場內設施

機場1樓設置了各航空公司的報到櫃台。國際線3樓有免稅店。國內線2樓有咖啡廳與新潟特產專賣店，販售新潟產的米、酒、零食點心與工藝品，雖然不是特別大間的土產店，但是新潟的伴手禮也算齊全，適合上飛機前的最後一次採購（液體類物品除託運外，禁止攜入國際線航班）。國內線3樓還設有餐廳，提供洋食與和食料理。

緊鄰日本海的新潟機場，從航站頂樓可以同時欣賞飛機、日本海與遠山，風景十分迷人。

1. 新潟機場外觀／2. 國內線大多是小型飛機／3. 連接新潟機場與新潟車站的利木津巴士／4. 機場正面出口即是巴士站和計程車招呼站

機場聯外交通

路線巴士：往返新潟車站和新潟機場，每20～30分鐘一班，全程25分鐘，成人票420日圓，兒童票210日圓。

高速巴士：往返新潟機場與福島縣會津若松市，定時發車。

溫泉地直行巴士：從新潟機場直行月岡溫泉、瀨波溫泉與彌彥、岩室溫泉，一日一班，事先預約較佳。

計程車：機場出口有排班計程車。

租車：機場出口步行5分鐘即有租車公司。

鐵道

新潟縣內的鐵道系統，主要分成新幹線和在來線。新幹線類似台灣的高鐵，在主要路線上時速可達200公里以上。在來線是日本鐵道用語，指的是新幹線以外的鐵道。

新幹線

可以抵達新潟的新幹線有兩條，一般遊客最常使用的是由東京出發至新潟市的上越新幹線。本幹線的列車已陸續汰換成E7系，新列車也引進最頂級的GRAN車廂。上越新幹線從東京站出發，最後抵達新潟站。

另外一條可以抵達新潟縣的是北陸新幹線，從東京開往石川縣的金澤，途中經過長野縣的飯山站之後進入新潟縣，在縣內設有上越妙高及糸魚川兩站。搭乘北陸新幹線的遊客目的多為前往上越地區滑雪及旅遊。

1.站內明顯標示新幹線和在來線的乘換方式，初訪遊客不用擔心／2.新舊型新幹線列車同時進站並列，饒富趣味／3.新幹線列車駛入長岡站／4.E7系新幹線的車外塗裝

在來線

新潟的在來線除了JR（日本國鐵）營運的路線之外，還有北越急行株式會社營運的「ほくほく線」，以及えちごトキめき鐵道株式會社營運的「妙高はねうまライン」和「日本海ひすいライン」兩條路線，加上JR營運的路線，共有14條在來線。

ほくほく線特別之處在於路線連結了日本少數豪雪帶的南魚沼市、十日町市和上越市。而日本海ひすいライン線是以直江津站為出發點，往西沿著日本海行走（海線）。妙高はねうまライン線則是從直江津站往南向妙高山周邊山區行駛（山線），這兩條路線，也是新潟知名的頂級觀光列車「雪月花」的路線。（雪月花介紹詳見P.53）

JR經營的在來線有11條路線，包括：

- **羽越本線**（秋田縣秋田站～新津站）
- **米坂線**（山形縣米澤站～坂町站）
- **白新線**（新潟站～新發田站）
- **磐越西線**（福島縣郡山站～新津站）
- **信越本線**（直江津站～新潟站）
- **越後線**（柏崎站～新潟站）
- **彌彥線**（彌彥站～東三条站）
- **上越線**（群馬縣高崎站～宮內站）
- **只見線**（福島縣會津若松站～小出站）
- **飯山線**（長野縣豐野站～越後川口站）
- **大糸線**（長野縣松本站～糸魚川站）

1.JR磐越西線的風光／2.JR米坂線的風光／3.飯山線行經魚野川

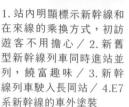

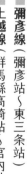

適合新潟旅行的鐵道票券

■ **JR日本鐵路通票(JR PASS全國版)**：適用全日本大範圍旅遊的旅客。票券使用期間分成7日、14日及21日。

JR日本鐵路通票(JR PASS全國版)

■ **JR東日本鐵路周遊券(JR PASS新潟、長野地區)**：適用搭乘新幹線前往新潟，或是順路周遊長野、松本、白馬等信州地區的旅客。可在連續5天內，不限次數搭乘指定區域內的列車與新幹線。

東日本鐵路周遊券(JR PASS新潟、長野地區)

巴士

新潟市觀光循環巴士

初次來到新潟旅行，非常推薦利用新潟市觀光循環巴士來安排一日遊。觀光循環巴士從新潟車站出發，共停靠16個站點，都是新潟市官方推薦的人氣觀光景點。暑假期間還有加班車，一天最多可以發出23班次。觀光循環巴士巡迴一圈大約1小時，每30分鐘發一班車，遊客可選擇到有興趣的景點下車遊覽，再搭配班次時間，續搭下一班觀光巴士前往其他景點。

1.新潟車站萬代口的觀光旅客服務中心／2.新潟市觀光循環巴士搭乘處

觀光循環巴士時刻表資訊

路線巴士

路線巴士就是行駛在各鄉鎮市的固定時間公車。因新潟縣幅員遼闊，家家戶戶大多有自用轎車，除了新潟市之外，其他市／町／村的路線巴士班次較少，行駛路線以服務居民為主，並非以觀光地為重點。搭車前請先掃描QR Code查詢時刻表。

1.路線巴士的指示看板／2.位於萬代城的巴士中心

新潟市區路線巴士時刻表資訊

高速巴士

高速巴士是指長程的快速巴士。縣內的高速巴士是從新潟站出發到長岡、燕三条、十日町、柏崎、上越、糸魚川、五泉等；此外，也有前往東京、名古屋、仙台、長野、富山、金澤、郡山、山形、會津若松等縣外的高速巴士。到縣外的高速巴士，除了會津若松線之外，其他路線都要事先預約。

1. 巴士中心內的高速巴士預約窗口／2. 新潟車站前的BRT候車亭

高速巴士資訊

租車自駕

新潟縣的面積廣大，除了新潟市區和電車所經之處，其他市／町／村的大眾交通工具班次不是很密集，想要深度探索新潟，租車自駕是一個很不錯的方式，在新潟車站和新潟機場附近都有店家提供租車服務。

在日本開車是靠左行駛，駕駛座在右邊，有些車款的手剎車是踏板式的，所以腳下會有3個踏板：最左邊是踏板式的手剎車、中間是剎車、最右邊的是油門踏板，要特別留意不要踩錯。

在新潟自駕，通常會行駛在三種道路上：自動車道、快速道路（バイパス道路）、和國道／縣道。

自動車道

就是高速公路，上了匝道就開始收費，如果車上沒有安裝ETC卡，請走標示「一般」的車道閘口取票，下自動車道時也要走標示「一般」的閘口繳費。在自動車道行駛時，請務必注意內側車道為超車專用，僅在超車時使用，不可一直占用。

在自動車道上，經常會看到PA和SA的指示，PA就是Parking Area，意指比較小的休息區，大部分PA只有洗手間和自動販賣機，少部分才有商店和輕食提供。SA就是Service Area，也就是一般所謂的服務區，在SA通常會有加油站、商店、餐廳、休憩設施，有些大型SA甚至有溫泉入浴設施。

快速道路

快速道路（バイパス道路）是為了要避開都市的混亂街道而設置的道路。無論是自動車道或是快速道路，由於日本是靠左行駛，在上下匝道時，務必看清楚方向，以免逆向行駛。

1. 自動車道（高速公路）平坦舒適，各種指標也非常清楚／2,3. 行人及腳踏車不能上快速道路，所以非常好開車

國道或縣道

意指一般的道路。國道上常會見到的「道の駅」就是休息站，這些休息站非常有趣，除了設有餐廳，也會販賣當地的特產與宣傳當地特色，有些休息站非常大，還設有綠地、遊憩設施，甚至與溫泉會館相連，如果行經休息站時，請不要錯過。

一般國道或縣道

港口

靠海的新潟，海上的運輸也非常重要。新潟的客船航路主要有3條：佐渡航路、北海航路、粟島航路。

佐渡航路

佐渡航路就是從新潟往來佐渡島的路線，主要有2條：一是從新潟港到佐渡島的兩津港；另一條是從上越的直江津港到佐渡島的小木港，均由佐渡汽船公司所經營。

佐渡汽船公司是一間相當有規模的海運公司，除了交通船之外，佐渡汽船公司也提供島上的半日遊／一日遊套裝行程，並搭配各種住宿方案。

新潟港的佐渡汽船候船室位於新潟的最高大樓Toki Messe的旁邊。搭乘

1. 往返佐渡島和新潟市的Ferry交通船／2. 佐渡汽船售票處，艙等和票價均有明確標示／3. 往返佐渡島和新潟市的噴射汽船／4.Ferry交通船可容納汽車進入，自駕上佐渡島也很方便(汽車上船需事先申請)

info

看到「停」標誌一定要停

租車自駕之前，必須先了解日本的交通規定。外國人最容易忽略的就是「止まれ」(停)標誌，忽略這個標誌會很危險。

在沒有紅綠燈的交叉路口，路權較小道路的路口都會設置「止まれ」標誌，代表「一定」要先停，確認左右沒有來車才可以繼續開車。鐵路平交道前一樣設有「止まれ」標誌，也「一定」要先停，確認左右安全、前方淨空後才可通過平交道。此外，如有行人要通過沒有交通號誌的斑馬線時，一定要禮讓行人優先通行。

普通的Ferry交通船，一趟大約2.5小時，依艙等不同，成人單程票價從3,170日圓起跳（二等艙）。二等艙不劃位，船上有空位即可入座；如果想要舒適地度過2.5小時的航程，可以多花一點錢購買一等艙票。一等艙的座位需劃位，可以選擇臥鋪或是豪華皮椅。

佐渡航路還有噴射汽船，從新潟港到佐渡島的兩津港只要67分鐘，成人單程票價為7,260日圓。

佐渡汽船擁有乾淨、明亮的硬體環境之外，最有名的就是Ferry交通船上提供的咖哩飯，咖哩飯的形狀就是佐渡島呢！

1.Ferry交通船一等艙皮椅／2.佐渡汽船的名物咖哩飯

佐渡汽船公司官網

北海道航路

北海道航路是從新潟經過秋田到北海道的苫小牧東港，或是從新潟到北海道小樽的這條航路，由「新日本海フェリー株式會社」所經營。

從新潟到秋田需7小時，從新潟到苫小牧東港需18小時，從新潟到小樽需16小時。航行的時間很長，但不會令人感到無聊，因為這是有房間和臥鋪的大船，船上有餐廳供應餐點，也有商店、浴場。房間和被褥乾淨整齊，不輸一般旅館。因為是大船，也不覺得搖晃，稍事休息、看看電視或到遊樂場玩，再睡一覺醒來後就抵達目的地。搭船從新潟到秋田、甚至北海道旅行，或許是旅程中另一種特別的體驗。

1.北海道航路新日本海フェリー乘船處／2.售票及報到處／3.船內場景／4.乾淨的房間

新日本海フェリー株式會社官網

粟島航路

粟島航路是從新潟到粟島浦村的航線，由粟島汽船株式會社所經營。粟島（詳見P.213）是新潟外海的一個小島，民風純樸，自然資源豐富，非常特別，對離島旅行有興趣的朋友，請務必體驗一次。

一般而言，進出粟島通常需在新潟縣北方的村上市岩船港搭船，單趟普通船需95分鐘，高速船僅需60分鐘。由於岩船港離新潟市區非常遠，在夏季的旅遊旺季，船公司有時會加開從新潟市區Toki Messe到粟島的高速船，單趟1小時28分鐘。

1. 從新潟市區Toki Messe到粟島的高速船／2. 從岩船港到粟島的普通船

粟島汽船株式會社官網

計程車

如果想要快速、深入的定點旅遊，又不方便自駕的遊客，推薦包計程車觀光。JR東日本公司有推出「駅から觀タクン」，也就是從車站出發的觀光計程車方案，例如從新潟站出發，有2小時和2.5小時的行程，最多可4人共乘，2小時的包車費用為9,000日圓，2.5小時收費11,000日圓。

日本計程車的收費十分昂貴，但JR東日本公司推出的觀光計程車方案收費合理，而且有多種行程可以選擇，讓遊客能充分體驗新潟的文化與風貌。有興趣的遊客可以直接在JR綠色窗口向售票人員訂購，付費後持單據至排班計程車處即可搭乘。

JR的觀光計程車方案，原則上都是按照表定的行程和景點行駛，請勿任意要求司機增加額外的景點。日文可以溝通的遊客，計程車司機也會很熱心地提供導覽服務。

JR觀光計程車方案相關資訊

info 計程車搭乘須知

較大型的車站旁幾乎都設有計程車招呼站，新潟車站前的排班計程車分成小型車和中型車，跳表價格不同，中型車較貴但空間較大。

鄉下一些中小型的車站，多數沒有排班計程車，若需要搭乘計程車，通常都是先用電話叫車。另外，日本的計程車車門是由司機控制，請勿自行開關車門。

1. 新潟車站前的排班計程車／2. 新潟車站前的計程車招呼站

作　　者　新潟越後老姬
總 編 輯　張芳玲
編輯主任　張焙宜
企劃編輯　翁湘惟
主責編輯　張焙宜
特約編輯　劉怡君
封面設計　許志忠
美術設計　許志忠

太雅出版社
TEL：(02)2368-7911　FAX：(02)2368-1531
E-mail：taiya@morningstar.com.tw
太雅網址：http://taiya.morningstar.com.tw
購書網址：http://www.morningstar.com.tw
讀者專線：(02)2367-2044、(02)2367-2047

出 版 者　太雅出版有限公司
106 台北市大安區辛亥路一段 30 號 9 樓
行政院新聞局局版台業字第五〇〇四號

讀者服務專線：(02)2367-2044 ／ (04)2359-5819 #230
讀者傳真專線：(02)2363-5741 ／ (04)2359-5493
讀者專用信箱：service@morningstar.com.tw
網路書店：http://www.morningstar.com.tw
郵政劃撥：15060393(知己圖書股份有限公司)

法律顧問　陳思成律師
印　　刷　上好印刷股份有限公司　TEL：(04)2315-0280
裝　　訂　大和精緻製訂股份有限公司　TEL：(04)2311-0221

初版五刷　西元 2024 年 05 月 27 日
定　　價　480 元

ISBN 978-986-336-477-1
Published by TAIYA Publishing Co.,Ltd.
Printed in Taiwan

國家圖書館出版品預行編目 (CIP) 資料

新潟：越光米故鄉‧長岡花火節‧佐渡島盆舟‧大地藝術季‧上越滑雪趣‧燕三条工藝 / 新潟越後老姬作 .
-- 初版 . -- 臺北市：太雅出版有限公司 , 2024.02
面；　公分 . -- (世界主題之旅 ; 147)

ISBN 978-986-336-477-1 (平裝)

1.CST：旅遊　2.CST：日本新潟縣

731.73209　　112020679

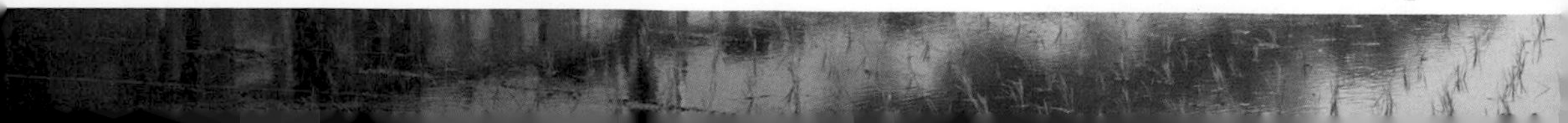